AF473725

Sophie Kuijken

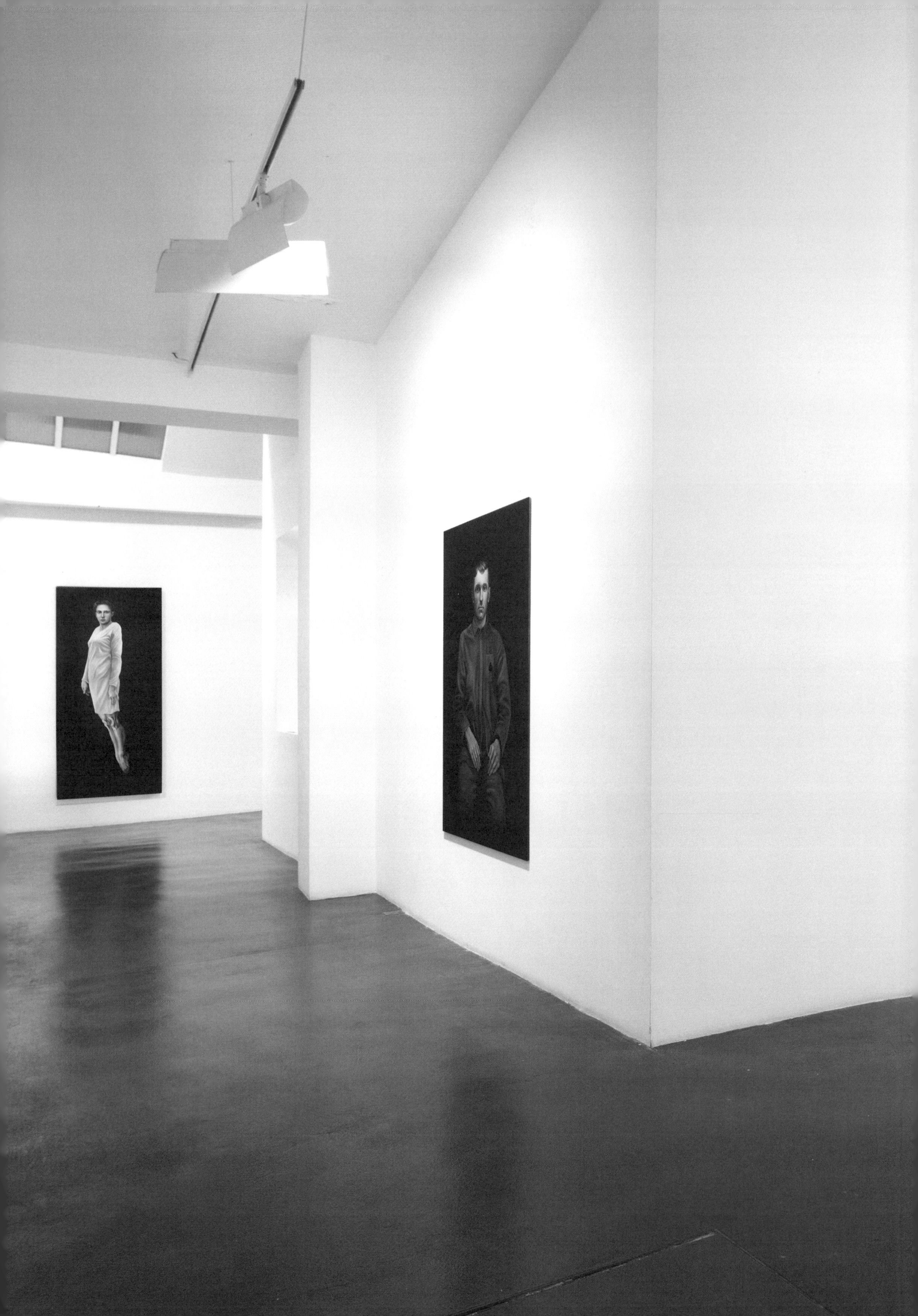

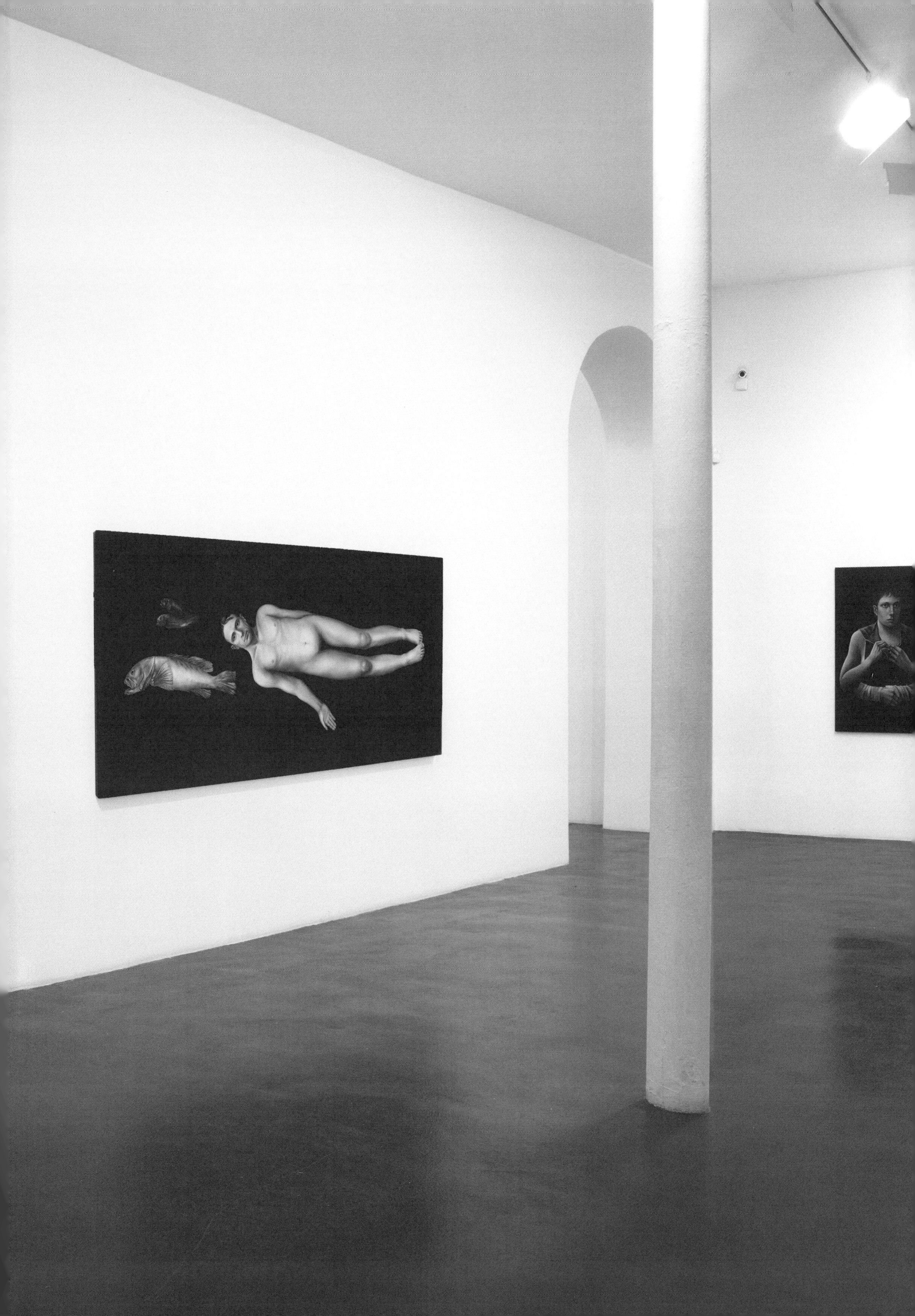

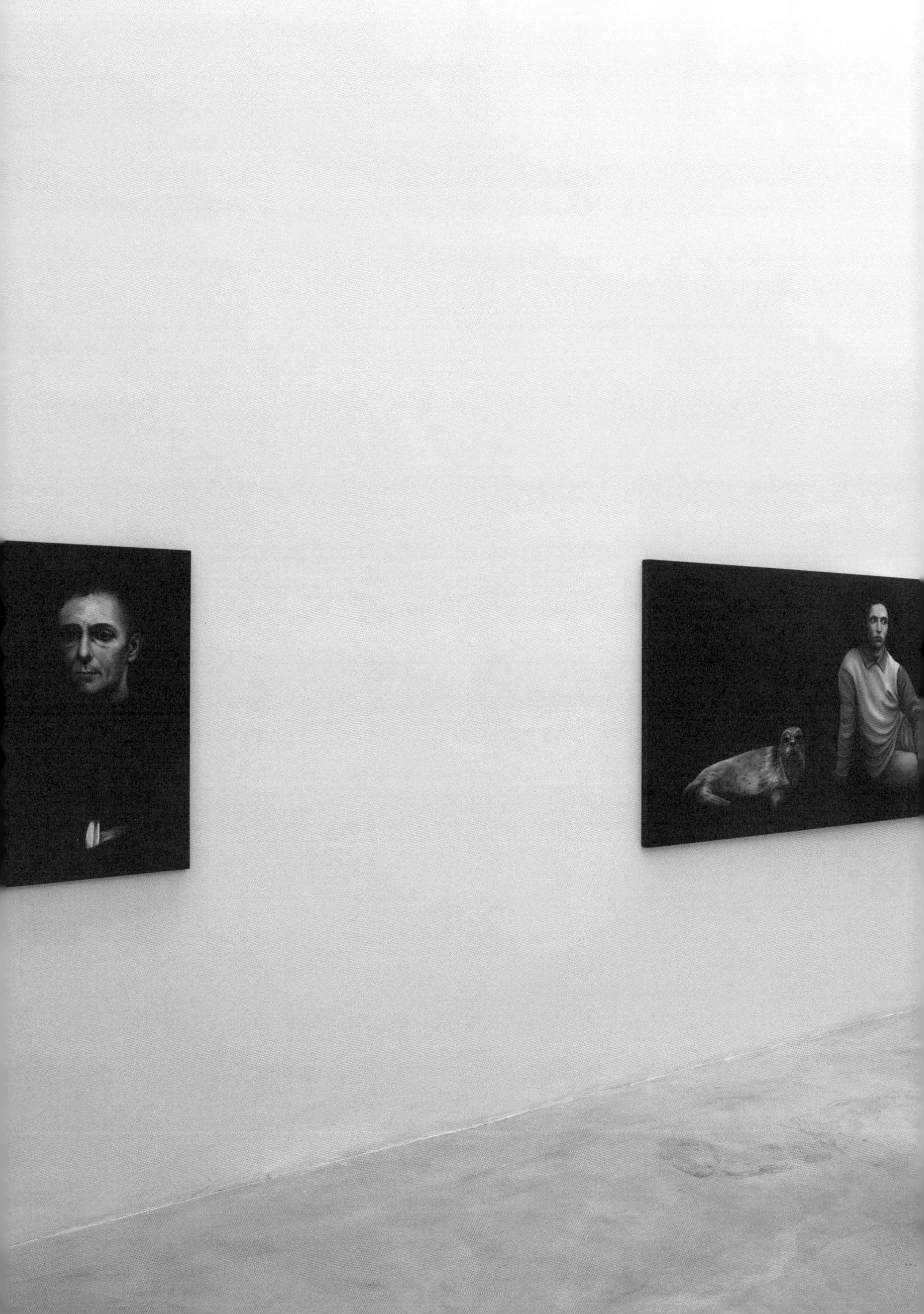

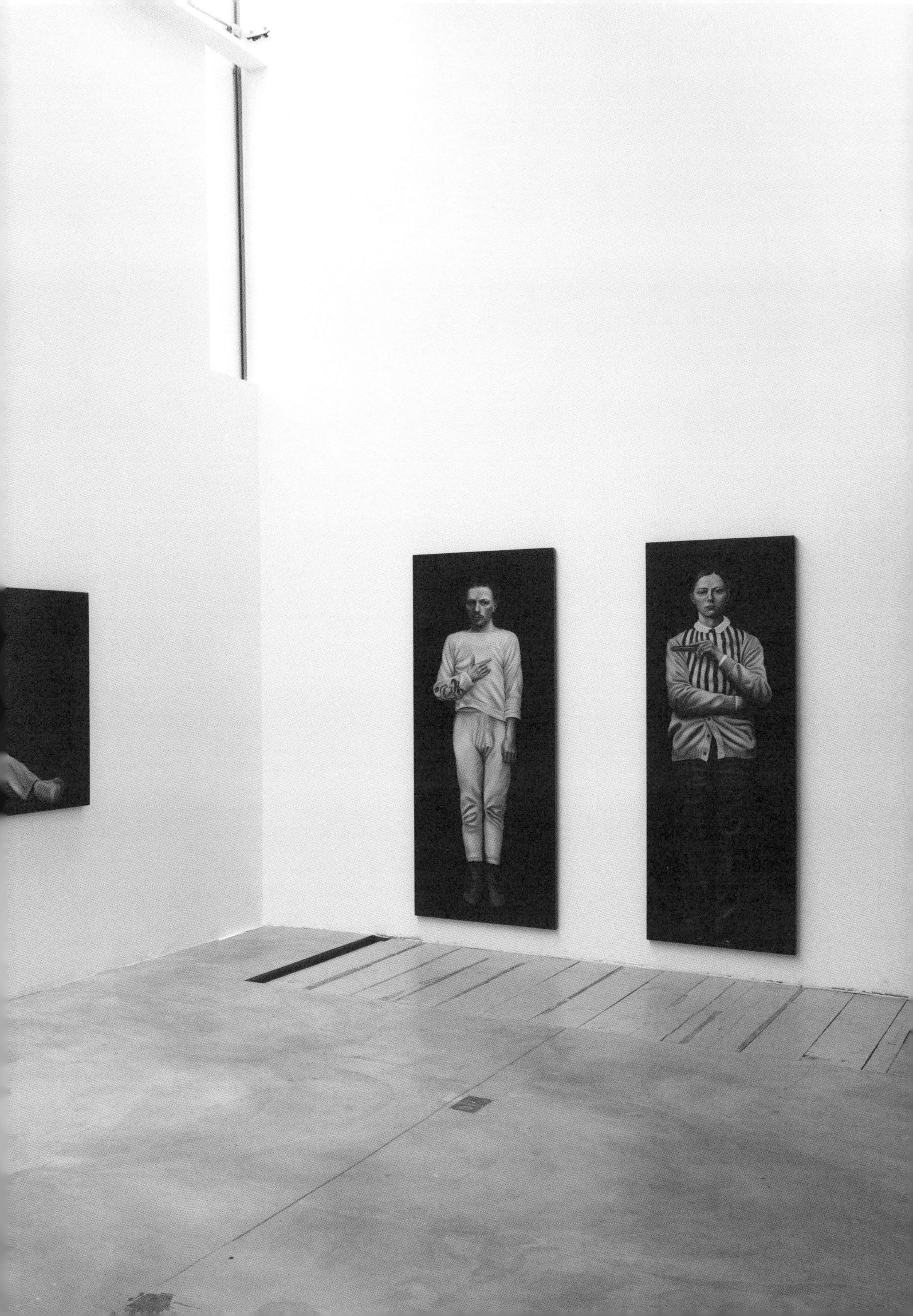

Sommaire | Summary

Le don d'une présence au monde

The gift of presence in the world

Marc Donnadieu

« On ne devrait prendre la parole que pour dire ce que personne n'a jamais dit, et on ne devrait ouvrir les yeux que pour voir ce que personne n'a jamais vu, afin de pouvoir garder intact l'espace où tout s'entend et où tout se voit. »

Jean-Luc Parant

Les œuvres de Sophie Kuijken ont ceci de particulier qu'elles nous apparaissent intimes et familières alors que nous ne les avons en réalité jamais vues [1]. Ou, pour être plus précis, les hommes et les femmes qui y sont représentés – puisqu'il s'agit le plus souvent de portraits – nous semblent étonnamment proches alors même que nous ne les avons jamais rencontrés, ni même simplement croisés, puisqu'ils ne sont

"One should only speak to say what no one has said before, and one should only open one's eyes to see what no one has seen before, in order to keep intact the space where everything is heard and seen."

Jean-Luc Parant

Sophie Kuijken's works are quite unique in that they have an intimate and familiar quality, even though we have never seen their sitters[1]; or, to be exact, the men and women she represents – because the works are most often portraits – seem to be amazingly close to us, even though we have never met them, or even crossed their path, because they are not made of flesh and blood but rather of an ensemble of lines, shapes, gazes, ex-

faits ni de chair ni de sang, mais d'un ensemble de lignes, de formes, de regards, d'expressions ou d'impressions fugaces et dispersées qui ont surpris, attiré, arrêté le regard et la pensée de l'artiste au fil de nombreuses navigations sur Internet. Les images numériques multiples, tourbillonnantes et inépuisables dont ils sont issus semblent ainsi s'y ramasser en une forme unique, dense et intelligible. Chacun y est donc pluriel et singulier, artificiel et naturel, immatériel et incarné. Mais surtout, chacun semble y habiter le tableau comme si celui-ci était sa demeure depuis le premier jour.

À travers le concept de «*dasein*»[2], Martin Heidegger ne cherchait-il pas une manière d'être spécifique à l'humain et qui ne serait pas celle des choses ordinaires – les images? Aussi le «*dasein*» serait-il ici cet être particulier et paradoxal, vivant au milieu de ses semblables, conscient de sa place dans le réel, tout en étant enfermé dans une solitude existentielle profonde – le tableau? Car si tous les personnages des œuvres de Sophie Kuijken ne sont faits que de nombreux coups de pinceau – particulièrement souples, précis et légers, il est vrai – et de longues couches d'acrylique, d'huile puis de glacis sur panneau de bois – éloge de la patience et allégorie du temps –, c'est leur façon si particulière d'advenir au tableau, d'être présents à notre regard qui résonne si intimement avec notre propre faculté à être – ou ne pas être – au monde. Et la vulnérabilité, la fragilité, la délicatesse de ces personnes représentées – leur détresse parfois[3] – de devenir en tout point bouleversantes. Autrement dit : ce que couvre la peinture, elle le découvre tout à la

pressions, and fleeting and dispersed impressions that have struck the artist and attracted, and captured her attention and thoughts during her time spent browsing the Internet. The many swirling and inexhaustible digital images they originate from seem to be combined together in a unique, dense, and intelligible form. Hence, each one is plural and singular, artificial and natural, and immaterial and an embodiment. Above all, each figure seems to live in the painting as though it has always been his or her place of residence.

Via the concept of Dasein[2], *was Martin Heidegger not endeavouring to describe the way of being that was specific to human beings and which was not that of ordinary things – images? And in the artist's works is not* Dasein *this unique and paradoxical being living alongside its fellow beings, and 'aware' of its place in reality, while being locked into a profound existential solitude within the picture? For although all the figures in Sophie Kuijken's works are composed of a great many brushstrokes – which are admittedly particularly supple, precise, and light – and extensive layers of acrylic, oil, and glazes on wooden panels, it is their unique way of 'coming to life' in the picture, and their presence before us, that resonates so intimately with our own way of being (or not being) in the world; and their vulnerability, fragility, and delicateness – sometimes their distress*[3] *– at becoming in every way captivating and troubling. In other words: what the paint covers also instantly uncovers in concealed modulations. These are not lifeless presences, on the point of becoming animated and existing, like Olympia, the doll in Ernst Theodor Wilhelm Hoffmann's novel entitled* 'The Sandman'[4]. *Quite on the contrary,*

fois selon des modulations saisissantes. Ce ne sont donc pas des présences sans vie, au bord de s'animer, puis d'exister, à l'instar d'Olympia, la poupée de la nouvelle d'Ernst Theodor Wilhelm Hoffmann, *L'Homme au sable*[4]. Bien au contraire, quoique plongés dans le clair-obscur et le silence de la peinture, ils irradient tous de vie comme s'ils étaient l'expression même de l'existence humaine dans toutes ses dimensions : leur «apparaître» est un «par être», leur présence est un présent au monde; effet de réalisme ou de vérisme plus magique que fantastique[5] à travers lequel la représentation semble gagner en intensité sur la réalité elle-même.

Pourtant, ils ne nous semblent jamais totalement achevés en eux-mêmes, demeurant presque irrésolus, bien que l'œuvre soit, elle, d'une extrême finitude, comme si chaque tableau n'était qu'un moment d'apparition, de parution, adressé ici et maintenant – ici-bas – à la capacité du spectateur à le recevoir, puis à l'accueillir. Il est vrai que chaque sujet a trouvé son origine dans un écran d'ordinateur, espace spectral par essence où les êtres et les choses arrivent et repartent d'un simple clic, presque insensibles à ce qui leur advient[6]. Tout à la fois matériel et incarné, doté de substance, de profondeur et de lumière, le tableau devient dès lors le lieu par excellence de leur déploiement, le champ de leur manifestation ou de leur dispensation, l'espace de leur ouverture au réel, afin que nous passions, nous, spectateur, de leur silence à une forme d'entendement, d'une «encontre» à une «rencontre».

Cette suite de paradoxes n'est pas sans rappeler les théories élaborées par Sigmund

although plunged into the chiaroscuro and the silence of the painting, they all seem to radiate life as though they were the very expression of human existence in all its dimensions: their 'appearance' ('apparaître') *is more 'through being'* ('par être'), *and their presence is a presence in the world; and there is an effect of realism or verism that is more magical than fantastic*[5]*, through which the representation seems to be more intense than reality itself.*

Yet, they never seem to be entirely complete in themselves, and are almost in suspense, even though the works are highly finished, as though each painting were only a momentary apparition, appearance, in the here and now – down here –, and corresponding to the viewers' capacity to receive and welcome it. It is true that each subject originated on a computer screen, a fundamentally spectral space in which beings and things appear with a simple click, almost oblivious to what becomes of them[6]*. The painting then becomes the ideal space – for it is both material and embodied, and given substance, depth, and light – for their* mise en scène, *the scope of their manifestation or their dissemination, the place where they become real, so that we, as the viewers, shift from their silence to an understanding, and from 'countering' to 'encountering'.*

This series of paradoxes is reminiscent of the theories Sigmund Freud developed about the unconscious and intimacy[7]*. The latter, travelling on a train, got up from his seat to talk to the ticket inspector whom he spotted passing by in the corridor. As he rapidly made his way towards the latter he saw next to him the 'unfriendly, dislikeable, even disturbing' form of a man whose appearance*

Freud autour de l'inconscient et de l'intime [7]. Celui-ci, voyageant dans un train, se lève de sa banquette pour interpeller le contrôleur qu'il voit passer dans le couloir. En se dirigeant rapidement vers ce dernier, il remarque, au côté de celui-ci, la silhouette «antipathique, désagréable, voire inquiétante» d'un homme dont il distingue mal l'apparence et les traits. Il ne s'agit en fait que de son propre reflet que lui renvoie la vitre de la porte de son compartiment. Cet événement sera pour lui constitutif du principe d'«*unheimlich*» [8], traduit par la philosophe Marie Bonaparte par «inquiétante étrangeté» [9] – Roger Dadoun en propose lui le vocable d'«inquiétante familiarité», François Roustang d'«étrange familier» [10] – et par le psychanalyste Jacques Lacan par «extimité» [11].

Ce qui est à l'œuvre chez Sophie Kuijken en est, là encore, l'inverse parfait : tout ce que l'on devrait ressentir chez ces hommes et ces femmes comme étrange et étranger, voire désagréable et inquiétant [12] nous apparaît, ici, paisible et rassurant, voire consolatoire. Ainsi appartiennent-ils au monde des humains, ainsi semblent-ils de notre «famille», proche ou éloignée, naturelle ou choisie, ainsi rayonnent-ils à notre regard comme les flammes du foyer. Autre paradoxe, cette notion de «*heimlich*», de «*geheimnis*» [13], qu'ils semblent porter en eux-mêmes, ne contient aucun mystère qu'ils divulgueraient à travers la mise en peinture, aucun secret qu'ils mettraient en pleine lumière alors qu'il aurait dû rester caché ou dissimulé dans l'ombre. Ils semblent bien au contraire porteurs – presque transporteurs, transmetteurs, passeurs – d'une capacité inouïe à provoquer

and expression he could barely distinguish. In fact, he was merely observing his own reflection in the looking glass of the door of his compartment. This event led to the development of the principle of unheimlich *(or the uncanny)* [8]*, translated by the philosopher Marie Bonaparte as 'disquieting strangeness'* [9] *– Roger Dadoun suggested the term of 'disquieting familiarity' and François Roustang 'familiar strangeness'* [10] *–, and by the psychoanalyst Jacques Lacan as 'extimity'* [11].

The very opposite is true of Sophie Kuijken's work: everything one should feel with regard to these men and women as strange and unfamiliar, even disagreeable and disquieting [12]*, is presented here as peaceful and reassuring, even comforting. Hence, they belong to the human world, and they seem to be a part of our 'family', whether close or distant, natural or selected – and they radiate before our gaze like the flames in a hearth. Another paradox is that the notion of* heimlich *and* geheimnis [13]*, which seems to be inherent to them, contains no mystery communicated in the painting, and no secret that could be revealed and which should have remained hidden or concealed in the shadows. On the contrary, they seem to be the bearers – almost transporters, transmitters, and conveyors – of an incredible capacity for provoking an instant, unexpected, and unimaginable empathy, like the famous full-length* Portrait [14] of Albert Devis *painted in 1897 by the Belgian painter Henri Evenepoel* (*fig. 1*)*, which is held in the Musée d'Ixelles* [15]*. The immaculate white of the oversized collar* [16] *echoed by the two shirt cuffs that emerge slightly beneath the sleeves of the black suit and the clenched hand – the hand of a grown man rather than that of a teenager –,*

une empathie immédiate, inattendue, insoupçonnée, à l'instar du célèbre portrait en pied [14] d'Albert Devis peint en 1897 par le peintre belge Henri Evenepoel (fig. 1) et conservé au Musée d'Ixelles [15]. Le blanc immaculé du col trop grand [16] repris par les deux poignets de chemise qui dépassent légèrement des manches du costume noir, la main ferme – une main d'homme mûr plutôt qu'une main d'adolescent – qui tient une canne trop ouvragée faite d'osselets superposés y contrastent en effet avec le lieu d'identification du personnage représenté : un visage fin et délicat quoiqu'un peu raide, un regard vide et absent quoique grand ouvert, des pupilles trop hautes et juste un peu trop convergentes. Toute l'ambiguïté de l'adolescence, de cette élaboration intime d'un soi-même que redouble la construction extime d'un soi pour l'autre s'y révèle à travers la fidélité et l'attention aux détails par l'artiste. Ce qui n'est pas non plus sans rappeler le portrait de Marcel Proust peint par Jacques-Émile Blanche en 1892 et conservé au Musée d'Orsay : là, c'est la fine moustache qui détonne sur l'ensemble et trahit la jeunesse et la vulnérabilité du modèle.

Aussi les tableaux de Sophie Kuijken sont-ils moins de purs objets esthétiques – quoique leur beauté picturale soit en tout point indiscutable – que ce que nous avons appelé précédemment des actes de présence engendrés par cette traversée des images puis par une suite de temporalités de travail – le temps de sélection des images, de leur montage, puis de leur mise en peinture –, que l'artiste a passées au plus proche de ceux qu'elle a choisi de représenter.

which is holding an over-elaborate cane made of superposed ossicles, contrast with the place of identification of the represented figure: the sitter has a fine and delicate face, even if it is a little

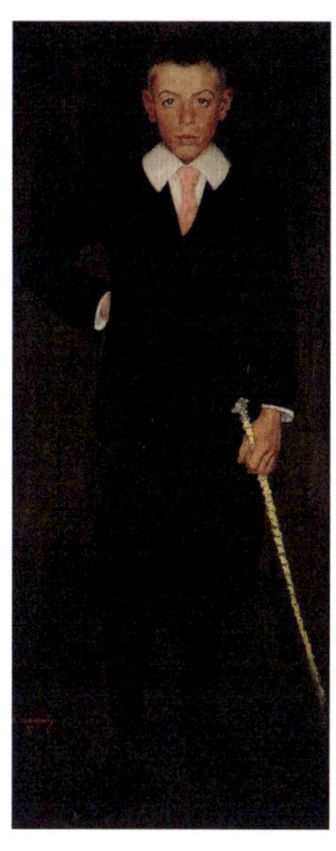

(fig. 1)
Henri Evenepoel,
Portrait d'Albert Devis, 1897.
Musée d'Ixelles.

rigid, and an empty and absent, although very open gaze, with pupils that are too high and just a little too converging. All the ambiguity of the teenager, the intimate elaboration of a self enhanced by the extime *(a combination of* intime, *or 'intimate' and 'ex', standing for 'out') construction of a self for the Other, is conveyed through the artist's faithful rendition and attention to detail. The approach is also reminiscent of the portrait of Marcel Proust painted by Jacques-Émile Blanche in 1892, held in the Musée d'Orsay: in this case, it is the fine moustache that stands out and underlines the sitter's youth and vulnerability.*

And Sophie Kuijken's paintings are not so much purely aesthetic objects, even though their pictorial beauty is indisputable, but more what

Au fil de ces étapes successives, elle a ainsi saisi, reconnu ou appris quelque chose d'eux qu'elle nous redonne à percevoir plutôt qu'à voir au-delà de leur simple apparence première[17]. Et ce quelque chose d'ineffable de ses sujets – au départ cela lui a pris près de vingt ans avant de se permettre que la représentation de l'un d'entre eux puisse sortir de la caverne de l'atelier et s'exposer à la lumière du regard des autres –, Sophie Kuijken le traduit avec toute la précision, la minutie et la délicatesse que ces hommes et ces femmes exigent, afin que chacun d'eux paraisse et témoigne à nos yeux éblouissants et éblouis de ce qu'il a vécu et de ce qu'il est au plus profond de lui-même. Pour autant, ses peintures n'interprètent rien sur le plan émotionnel ou psychologique : chacun se tient juste là devant nous, presque se retient, sur le seuil d'une transcription, d'une parution, afin de ne jamais basculer du côté du commentaire ou de l'explication[18]. À nous d'y répondre à travers une disponibilité, une attention, une application, un soin du regard au moins égal à l'intensité du leur[19].

En 1985, Gilles Deleuze, à propos du doute et de l'individu pensant, déclarait : «Parce que je peux douter de tout ce que je veux, je peux même douter que vous existiez, et je peux même douter que j'existe, moi. Même moi, oui. Pourquoi je ne pourrais pas douter? Il n'y a qu'une chose dont je ne peux pas douter, c'est que je pense. Pourquoi je ne peux pas douter que je pense? Parce que douter c'est penser.» Remplaçons «penser» non pas par «voir», mais par «rencontrer». Douter, c'est penser l'autrui à l'intérieur de soi, faire une place à l'autre à

we previously referred to as acts of presence, and the result of the passage of images and time; the time taken to select the images, assemble them, and then transpose them into paintings, and the time spent in close proximity with the figures she has decided to represent. During this time the artist seems to have learned something about them and she transmits this to the viewer, beyond the simple reproduction of their appearance[17]*. And there is something ineffable about the time spent so intimately with her subjects – it took her almost twenty years before accepting that one of her paintings could leave the cavern of the studio and be exposed to the observation of others –, and Sophie Kuijken conveys it with all the precision, minutiae, and subtlety required to represent these men and women, so that each of them appears and attests to what they are and what they have experienced before our dazzled and fascinated eyes. Yet, her paintings interpret nothing on the emotional or psychological level, as though it were necessary to remain–almost retain oneself–on the threshold of transcription and appearance to avoid slipping into commentary or explanation*[18]*. It is up to the viewer to respond to this through receptiveness, close observation, application, and an attentive gaze that at least matches the intensity of theirs*[19]*.*

In 1985, Gilles Deleuze, writing about doubt and the thinking individual, declared: 'because I can doubt anything I wish; I can even doubt that you exist and I can even doubt that I exist – yes, even me. Why could I not doubt this? There is only one thing I cannot doubt and that is that I think. Why can I not doubt that I think? Because doubting is thinking'. One can replace 'thinking'

l'intérieur de soi-même et voir comment cela se passe, comment cela agit. Aller à la rencontre de quelqu'un, d'une œuvre, voire de quelqu'un dans l'œuvre, est en tout point semblable à l'exercice de la pensée. On peut ainsi arriver à douter de soi-même, mais pas de cet autre que l'on a face à soi. Comme en témoigne Alexis Jenni dans son livre *Dans l'attente de toi* [20] : «Je trouverai dans la peinture les mots pour dire ce que je ne sais pas dire.» Et parfois, ce n'est pas le jeu des apparences qui sonne faux ou qui nous leurre, mais notre capacité à aller par-delà les apparences, à accueillir – sinon recueillir – ce qui se tient sous la surface des choses. Une exposition de Sophie Kuijken nous y oblige parce que toute son œuvre nous fait face et interroge notre voir. Ses tableaux s'adressent ainsi à chacun d'entre nous de toute leur force physique et leur intensité picturale, de toute leur droiture, de toute leur luminosité d'être.

Peindre une figure humaine n'est jamais neutre, elle engage un rapport de l'artiste à l'image, puis de la personne représentée d'un côté à l'image qu'elle se fait d'elle-même, de l'autre à l'image qu'elle voudrait que l'autre – le regardeur – ait d'elle-même. Rapport qui, souvenons-nous, participe de la définition même de l'être, mais également de la beauté, ainsi que le précise *L'Encyclopédie* de Diderot et d'Alembert : «La beauté est le sentiment de rapport agréable visuel ou sonore.» Le portrait peint peut, dans certains cas, être analogue à cette définition de la beauté, que celle-ci soit intérieure ou extérieure, intime ou extime : un sentiment adressé à l'autre de rapport agréable – ou dissonant – visuel ou sonore, une affirmation de soi

by 'encountering' rather than 'seeing'. Doubting involves incorporating the Other within oneself, and making a place for others within oneself and observing what occurs and how it acts. Encountering someone, a work, or even someone within a work is in every way similar to the act of thinking. Hence, one can also doubt oneself, but not the Other who is before you. As attested by Alexis Jenni in his book Dans l'attente de toi *[20]: 'Through painting I will find the words to say what I do not know how to say'. And sometimes it is not the game of appearances that rings false or creates an illusion, but rather our capacity to go beyond appearances, and to welcome, even gather, what lies beneath the surface of things. An exhibition of Sophie Kuijken's works obliges us to do so because all of the figures in her paintings are facing the viewer and challenge one's perceptions. Hence, her paintings are intended for each of us, with all their physical force and pictorial intensity, and their candour and luminosity of being.*

Painting a human figure is never a neutral activity, as it implies a rapport between the artist and the image, and, on the one hand, between the person represented and the image they have of themselves, and on the other, with the image the person wishes that the Other – the viewer – has of themselves. We must remember that this is a rapport that is inherent to the very definition of being, but also of beauty, as defined in the L'Encyclopédie *of Diderot and Alembert: 'beauty is the power of exciting in us the perception of agreeable relations'. A painted portrait may, in some cases, be comparable to this definition of beauty, whether interior or exterior, intimate or 'extimate': a sentiment addressed to others as an*

dédiée à soi comme à l'autre, et qui peut passer soit par un effet d'ensemble harmonieux, soit par des détails singuliers, ou l'accord des deux.

Repensons maintenant aux portraits de Rembrandt, y compris pour certaines commandes prestigieuses comme le *Portrait de la princesse Amalia van Solms* [21] : l'ensemble est peint de façon sobre si ce n'est le col en dentelle traité avec une extrême minutie et sur lequel la lumière vient se poser, ou le collier de perles accordé à celui du chignon. Sophie Kuijken agit souvent de même : l'austérité et la palette réduite de ses tableaux traduisent une même volonté d'authenticité et de sincérité que vient néanmoins perturber, presque désaccorder un détail singulier, étrange et étranger à l'ensemble, particulièrement intense, sans toutefois aller jusqu'à la rupture ou à la contradiction définitive avec l'aspect général [22] ; juste un effet d'écart qui interpelle le regard. Et, le plus souvent, c'est justement ce détail, cette ponctuation, ce point d'achoppement [23] qui non seulement attire le regard, mais surtout «ouvre» la peinture [24] afin que le regardeur puisse se projeter dans l'infini de ses profondeurs. Il donne dès lors à chaque tableau son caractère, sa spécificité et sa poétique [25], pour ne pas dire sa luminosité et son humanité. Mais le mot «écart» n'est-il pas le palindrome du mot «trace»? La suite de dessins de Jacob Ferdinand Voet (fig. 2–4) conservée dans les collections de l'École nationale supérieure des Beaux-Arts de Paris en témoigne. Le tracé infime du crayon à l'œuvre dans ces portraits aux dimensions d'une carte de visite – presque l'ancêtre du portrait d'identité, du «photomaton» [26] – non seulement nous

agreeable – or dissonant – relation of a vision or sound, an affirmation of oneself directed at both oneself and others, and which can occur either via a harmonious overall effect, or through singular details, or an accord between the two.

Think of Rembrandt's portraits, including certain prestigious commissions such as the Portrait of Princess Amalia van Solms [21]*; the ensemble is painted in a sober manner, even though the lace collar that catches the light and the pearl necklace that matches that of the chignon are executed with extreme minutiae. Sophie Kuijken often adopts the same approach: the austerity and limited palette of her paintings attest to the same desire for authenticity and sincerity, which is nevertheless perturbed, almost made discordant by a particular detail that is strange, and incongruous to the ensemble, and is particularly intense, without entirely breaking with or contradicting the overall impression* [22]*; it is merely a slightly dissonant effect that attracts the eye. And, most often it is this detail, this punctuation, this dissonant point* [23] *that not only attracts the eye but above all 'opens' the painting* [24] *so that the viewers can immerse themselves into its infinite depths. This is what gives each painting its character, specificity, and poetry* [25]*, as well as its luminosity and huma-*

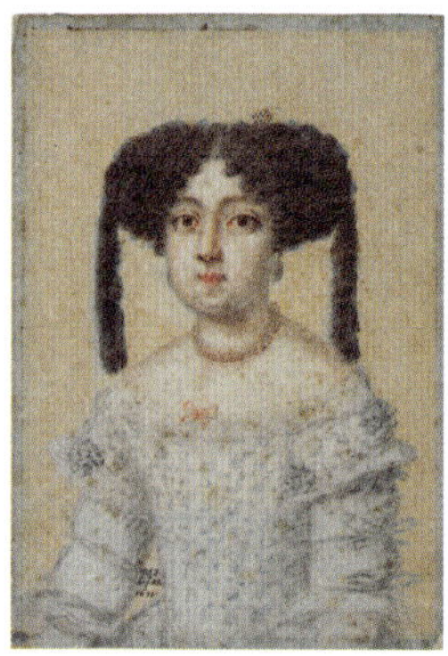

(fig. 2)
Jacob Ferdinand Voet (1639–vers 1700), *Portrait de Laura Caterina Altieri*, 1670. École nationale supérieure des Beaux-Arts, Paris.

trouble, mais surtout nous touche, nous émeut, nous affecte. Car ce fragile tremblé du trait, ce léger frémissement de la couleur y double ou y reflète un écart, une fêlure des êtres qui suit la craquelure du papier [27], un *punctum* du dessin qui lui confère une temporalité intérieure : ce présent et ce passé qui est celui de l'existence même et qui excède la surface plane de l'image, cette façade propre et lisse de la représentation officielle de soi.

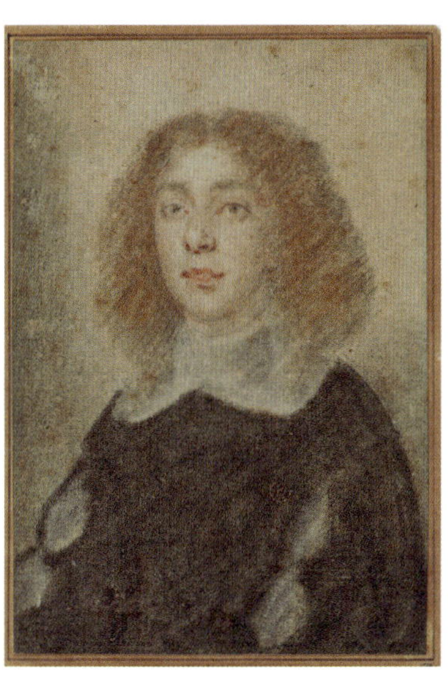

(fig. 4)
Jacob Ferdinand Voet (1639–vers 1700), *Portrait d'homme vu de face.* École nationale supérieure des Beaux-Arts, Paris.

Roland Barthes, dans sa définition ontologique de la photographie, nous le rappelle : «Je ne puis jamais nier que la chose a été là. Il y a double position conjointe : de réalité et de passé. (...) Le nom du noème de la photographie sera donc : "ça-a-été" [28].» Le portrait peint peut agir sur cette même double position conjointe d'un côté d'un ici et maintenant, de l'autre d'un en deçà ou un au-delà, d'une mémoire convoquée et d'un souvenir ressurgi. Il ne s'arrête ainsi pas au seul «ça a été». Claude Monet, quand il s'est lancé dans le projet de ce grand œuvre que sont les *Nymphéas* de l'Oran-

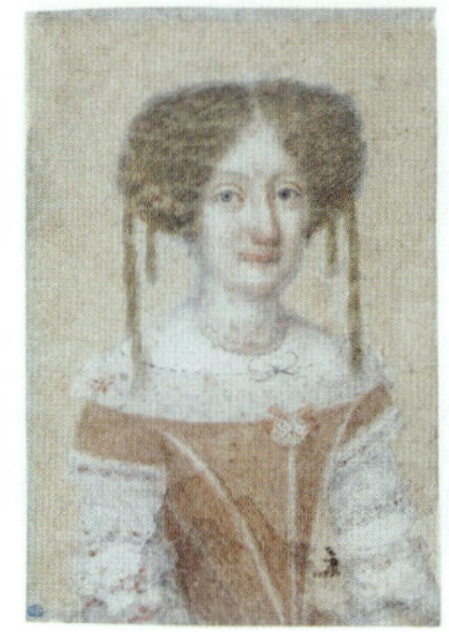

(fig. 3)
Jacob Ferdinand Voet (1639–vers 1700), *Portrait de femme vue de face.* École nationale supérieure des Beaux-Arts, Paris.

nity. But is not the word 'break' the opposite of the word 'trace'? The series of drawings executed by Jacob Ferdinand Voet (fig. 2-4) *held in the collections of the École nationale supérieure des Beaux-Arts in Paris attests to this. The tiniest traces of the pencil used in these portraits which are the size of calling cards – almost the ancestor of the identity photo, of the 'Photomaton'* [26], *– are not only slightly disturbing, but above all touch, move, and affect us. For the fragile, traced lines, the slight vibration of colour echoes or reflects a 'break', a fracture in the beings, which follows the cracking of the paper* [27], *– a* punctum *of the drawing that confers an internal temporality on it: the present and past which is that of existence itself and goes beyond the flat surface of the paper, the clean and smooth façade of the official representation of oneself.*

Roland Barthes, in his ontological definition of photography, underlined this: 'I can never deny that the thing has been there. *It is the superimposition of reality and the past. (...) The name of Photography's* noeme *will therefore be: "That-has-been"* [28]. *The painted portrait can act on the same superimposition of an aspect of a here and now, of one side or another, of a below or of a beyond, of a summoned memory and a*

gerie, ne cherchait-il pas un moment de beauté qui puisse non seulement représenter, mais surtout guérir les âmes blessées par la guerre? Le portrait peut, plus que tout autre motif, être à même d'exprimer les peines de l'âme, mais également d'exprimer leur soulagement dans tous les sens du terme : diminuer la douleur et enlever du poids [29], se délourdir du passé [30] et s'alléger pour s'envoler vers un futur.

Le voyage, presque l'aventure, de Sophie Kuijken dans le monde des images numériques pourrait apparaître à certains comme une rêverie sans objet. Il est bien au contraire une exploration attentive de cette façon dont les images peuvent soudain se condenser en récit, en poétique, articulant ensemble les fragments disjoints de ce qui serait sinon un *continuum* sans forme, sans histoire et sans vie. Elle traque ainsi ce qui forme, au sein du flux numérique, un sujet qui se décide à parler, à dire, à se dire, à se rendre visible avec toute la prise de risque que cela suppose. Pour autant, les personnes portraiturées par Sophie Kuijken sont tout à la fois elles-mêmes et autre chose qu'elles-mêmes, phénomène analogue à cette différence entre mémoire et souvenir. La mémoire serait, pour aller vite, tout ce que nous avons consciemment enregistré des temps anciens, de ce qui nous avons lu, entendu, vu et vécu ; le souvenir, lui, est le rappel d'un moment, d'une situation, d'un événement ou d'un fait à l'esprit. Et, avec ce que l'on fait revenir, arrive quelque chose en dessous, quelque chose à côté, quelque chose en plus : de l'imprévu, du différent, de l'autre, avec lesquels il faudra se colleter, se coltiner. Au-delà de tous les montages,

recollection that resurfaces. It therefore does not end solely with 'that-has-been'. Was not Claude Monet, when he launched his project of the great work of the Nymphéas *in the Orangerie, seeking to evoke beauty that would not merely represent but also heal those injured by war? The portrait can, more than any other motif, be the best way of expressing the pain of the soul, and also express their relief in every sense of the term: reducing pain and lifting off weight [29], unburdening oneself of the past [30] and becoming lighter to project oneself into the future.*

Sophie Kuijken's journey – which is almost an adventure – into the world of digital images may seem to some like an aimless reverie. However, it is rather an attentive exploration of the way in which images can suddenly be condensed into a narrative, and a poetry that articulates all of the disjointed fragments of what would otherwise be a formless continuum, *without history and life. Hence, she tracks what forms, within the digital stream, a subject that can speak out, talk, and become visible, with all the risk-taking that implies. Yet, the persons depicted by Sophie Kuijken are all at once themselves and something other than themselves, a phenomenon analogue to the difference between 'memory' and 'a memory'. In short, collective memory is everything that has knowingly been recorded from ancient times, and everything we have read, heard, seen, and experienced; and a memory is the mental recollection of a moment, a situation, an event or an action in the mind. And, with the things we recall, something else occurs beneath this, something on the side, something extra: the unforeseen, the different, the Other, with which one needs to grapple*

collages, superpositions, hybridations que l'artiste a opérés, il restera ainsi toujours de chaque image qu'elle a empruntée au flux numérique, ce quelque chose de l'origine, de l'en dessous, et que nous allons rappeler inconsciemment à chaque regard.

Nous admirons l'image finale de Sophie Kuijken, nous y entrons presque avec empathie vis-à-vis de chaque sujet, et soudain revient à nous, vers nous, une densité, un feuilletage, presque une foule d'images et de personnes qui y demeurait dans l'attente et le silence [31], à l'instar de bulles d'humanité qui remonteraient à la surface de l'eau du monde. D'ailleurs, rappelons-le, ils ne nous apparaissent jamais vraiment comme des spectres et des fantômes, mais bien comme ces multiplicités polyphoniques d'êtres que nous sommes ou dont nous sommes porteurs, de par nos origines, notre histoire, nos rencontres, nos rêves ou notre mémoire. Chaque personnage peint par l'artiste semble ainsi acteur de sa propre vie et interprète de la vie des autres, et le plus souvent interprète d'une part de nos propres existences. Bien que venant d'un en deçà ou d'un au-delà sans lieu ni date – l'espace du tableau –, ils ne cessent ainsi de converser, de s'entretenir avec notre propre présent. Et, d'une certaine manière, chacun d'entre eux dépose en nous un nouveau possible. La réalité n'est pas faite soit de vérités soit d'erreurs [32], mais se construit par la somme de nos perceptions, de nos gestes et de nos comportements physiques et mentaux, qu'ils soient vrais ou faux, justes ou imprécis, prévus ou inattendus, tangibles ou imaginaires [33]. À travers le passage par la repré-

and contend. Beyond all the assemblies, collages, superpositions, and hybridisations that the artist has created, each image she has borrowed from the digital stream retains this original quality that lies beneath and that the viewers will recall unconsciously every time they view it.

We admire Sophie Kuijken's final images, and we enter each subject almost with empathy, and suddenly we witness a density, a lamination, almost a host of images and persons that live there waiting in silence [31], like bubbles of humanity rising to the surface of the water of the world. In any case, it is important to underline that they never really appear to us like ghosts and phantoms, but rather as polyphonic multiplicities of the beings we are or that we bear through our origins, history, encounters, dreams, or memory. Each person painted by the artist appears to be the actor of his or her own life and interprets the lives of others, and very often is connected with a part of our own existence. Although they originate in a beneath or a beyond with no place or date – the pictorial space –, they nevertheless never stop conversing and interacting with our own present. And, in some way each of them creates a new possibility in us: it is via representation that a common space between the self and our other selves can be revealed or reappropriated, as it can between oneself and others. Reality is not composed of either truths or mistakes [32], but is formed by the sum of our perceptions, actions, and our physical and mental behaviours, whether they are true or false, apt or mistaken, and tangible or imaginary [33].

This is where the hidden secret lies that we believed was absent or aimless? The present of the

sentation – ou le face à face avec la représentation – se révèle dès lors un espace commun et partageable entre soi et *les* autres comme entre soi et *nos* propres autres.

C'est peut-être là que se tient ce secret caché que nous pensions absent – ou inutile? Le présent des hommes et des femmes portraiturés par Sophie Kuijken est présence autant que don, le don d'une chose que l'on ne soupçonnait pas et dont nous sommes, néanmoins, dépositaires : loin d'être des vérités, ne sommes-nous pas tous, comme eux, des présences en attente d'un visible, en accession d'une perception [34]? Et que voyons-nous du monde qui nous entoure, de son présent et de son passé, de son histoire et de sa mémoire, de ce peuple qui l'a peuplé et qui le peuple encore? Ce monde plus vaste dans lequel nous sommes inclus, le regardons-nous vraiment? Et de quelle manière nous regarde-t-il, lui [35]? Et le tableau d'être dès lors le témoin et la conscience, le gardien et le garant, de cette nouvelle quête d'existence, de ce nouveau mode d'être au monde...

men and women depicted by Sophie Kuijken is a presence as much as a gift – the gift of a thing that was unimaginable and of which we are nevertheless the custodians: far from being truths, are we not all, like them, presences awaiting visibility, in accession of a perception? [34] *And what do we see of the world around us, of its present and past, its history and memory, of the people that have peopled it and still people it? Do we truly look at his vaster world in which we are included and does it observe us?* [35] *And the painting of being is henceforth the attestation and the conscience, the guardian and the guarantor of this new quest for existence, this new way of being in the world ...*

Notes

1. Comme le soulignait Virginia Wolf : « L'art n'est pas une copie du monde réel ; l'un des deux suffit largement. »
2. Martin Heidegger, *L'Être et le temps*, Paris, Gallimard, 1972, traduction de l'allemand par Rudolf et Alphonse De Waelhens. Martin Heidegger, *Être et Temps*, Paris, Gallimard, 1990, traduction par François Vezin.
3. *E.K.* (2015-2016), *K.(E).K.* (2014) et *H.L.H.* (2014) en sont les plus éloquents, sans oublier *I.A.M.* (2015) et la forme volontaire ou involontaire de jeu de mots du titre : *I.A.M.* / *I am* (je suis), alors même qu'il s'agit de siamoises.
4. Ernst Theodor Wilhelm Hoffmann, *L'Homme au sable*, *in Contes nocturnes*, 1817.

1. *As Virginia Wolf wrote: 'Art is not a copy of the real world; one of the damn things is quite enough.'*
2. *Martin Heidegger,* L'Être et le temps (Being and Time), *Paris, Gallimard, 1972; translated from German by Rudolf and Alphonse De Waelhens. Martin Heidegger,* Être et Temps, *Paris, Gallimard, 1990; translated by François Vezin.*
3. E.K. (2015-2016), K.(E).K. (2014) *and* H.L.H. (2014) *are the most eloquent of these works, along with* I.A.M. (2015) *and the deliberate or involuntary form of the title's play on words:* I.A.M. / I Am, *even though it relates to twins.*
4. *Ernst Theodor Wilhelm Hoffmann,* 'The Sandman', in Night Pieces, *1817.*

5. Fantastique au sens du grec το φανταστικόν qui désigne la faculté de (se) créer des illusions, au sens d'étranger, de différent, sinon de contraire au réel.
6. Cette « screenisation » des choses dont nous parle Michel Deguy.
7. Hanania Alain Amar, *Inquiétante étrangeté et autres récits*, Paris, L'Harmattan, 2002.
8. Sigmund Freud, *L'inquiétante étrangeté et autres essais*, Paris, Folio essais, 1985 ; Sigmund Freud, *L'inquiétant familier* (suivi de *Le marchand de sable* d'E. T. A. Hoffmann), Paris, Payot, coll. Petite Bibliothèque Payot, 2012.
9. Sigmund Freud, *L'inquiétante étrangeté, in Essais de psychanalyse appliquée*, Paris, Gallimard, coll. Idées, traduction de l'allemand (Autriche) par Marie Bonaparte et E. Marty, p. 163-210 (première parution en 1933).
10. François Stirn, *L'Inquiétante étrangeté Freud*, Paris, Hatier, 1992, p. 4.
11. Jacques Lacan, *Séminaire XVI* (1969), Paris, Seuil, 2006, p. 249.
12. Un seul portrait déroge à cette règle, celui presque dostoïevskien et étrangement menaçant titré *G.L.G.* (2015).
13. Sandrine Bazile et Gérard Peylet, *Imaginaire et écriture dans le roman haussérien*, Presses universitaires de Bordeaux, 2007, p. 143.
14. Genre que Sophie Kuijken apprécie tout particulièrement.
15. L'œuvre de Sophie Kuijken intitulée *E.B.*, 2015 (p. 64), fut présentée non loin de ce tableau, dans les collections permanentes du Musée d'Ixelles, à l'occasion du Focus 2016.
16. Motif que Sophie Kuijken a repris à deux reprises au moins : G.R. (2014) et N.R. (2014).
17. « J'aime vraiment peindre les gens. J'aime lire en eux simplement en les regardant et en pénétrant complètement leur existence. C'est cependant très intime et personnel, donc je ne fais cela ni avec des étrangers ni avec des amis ou des relations. À la place, j'essaie de fabriquer ces expériences » (Sophie Kuijken).
18. « Cette méthode peut être comparée à l'expérience de répétition d'un même mot des centaines de fois jusqu'à ce qu'il perde totalement son sens et qu'il devienne abstrait, tel un pur son, mais néanmoins profond, touchant et substantiel. » On pourrait rapprocher ce propos de Sophie Kuijken de celui de Gilles Deleuze issu de *Différence et répétition* : « Si la répétition existe, elle exprime à la fois une singularité contre le général, une universalité contre le particulier, un remarquable contre l'ordinaire, une instantanéité contre la variation, une éternité contre la permanence. À tous égards, la répétition c'est la transgression » (Gilles Deleuze, *Différence et répétition*, PUF, coll. Épiméthée, 1968).
19. C'est par le regard que Sophie Kuijken achève chaque tableau, et elle le rend la plupart du temps intense et presque hypnotisant.
20. Alexis Jenni, *Dans l'attente de toi*, Paris, L'Iconoclaste, 2016.
21. *Portrait de la princesse Amalia van Solms*, 1632, Musée Jacquemart-André, Paris.
22. La liste de ces détails singuliers serait ici trop longue à dresser, ils passent d'incongruités vestimentaires en altérations, voire en aberrations physiques, de tatouage en piercing, sans oublier la présence d'animaux plus ou moins de compagnie.
23. Roland Barthes dans *La Chambre claire* n'affirme-t-il pas : « Ce que j'éprouve pour ces photos relève d'un affect moyen, presque d'un dressage. Je ne voyais pas, en français, de mot qui exprimât simplement cette sorte d'intérêt humain ; mais en latin, ce mot, je crois, existe : c'est le *studium*, qui ne veut pas dire, du moins tout de suite, "l'étude", mais l'application à une chose, le goût pour quelqu'un, une sorte d'investis-

5. *Fantastic in the sense of the Greek word το φανταστικόν, which designates the ability to create illusions, in the sense of unfamiliar, different, or the opposite of real.*
6. *The 'screenisation' of things evoked by Michel Deguy.*
7. *Hanania Alain Amar,* Inquiétante étrangeté et autres récits, *Paris, L'Harmattan, 2002.*
8. *Sigmund Freud,* L'Inquiétante étrangeté et autres essais, *Paris, Folio Essais, 1985; Sigmund Freud,* L'inquiétant familier *(followed by E.T.A. Hoffmann's* 'The Sandman'), *Paris, Payot, Petite Bibliothèque Payot Collection, 2012.*
9. *Sigmund Freud,* 'L'Inquiétante étrangeté' in Essais de psychanalyse appliquée ('Essays in Applied Psychoanalysis'), *Paris, Éditions Gallimard, Collection Idées; translated from German (Austria) by Marie Bonaparte and E. Marty, pp. 163-210 (first published in 1933).*
10. *François Stirn,* L'Inquiétante étrangeté. *Freud, Paris, Hatier, 1992, p. 4.*
11. *Jacques Lacan,* Seminar XVI (1969), *Paris, Le Seuil, 2006, p. 249.*
12. *Only one portrait departs from this rule: the almost Dostoyevskian and strangely menacing work entitled* G.L.G. (2015).
13. *Sandrine Bazile, Gérard Peylet,* Imaginaire et écriture dans le roman haussérien, *Presses universitaires de Bordeaux, 2007, p. 143.*
14. *A genre particularly appreciated by Sophie Kuijken.*
15. *Sophie Kuijken's work entitled* E.B., 2015, *(p. 64) was displayed not far from this painting, in the permanent collections of the Musée d'Ixelles during 'Focus 2016'.*
16. *A motif that Sophie Kuijken has used on at least two occasions:* G.R. (2014) *and* N.R. (2014).
17. *'I truly love painting people. I love to discern who they are simply by observing them and entirely immersing myself in their existence. That is however very intimate and personal so I do not do that with foreigners, friends, or relatives. Instead, I attempt to create experiences.' Sophie Kuijken.*
18. *'This method may be compared to the exercise of repeating the same word hundreds of times until it entirely loses its meaning and becomes abstract, like a pure sound, which is all the same profound, touching, and substantial'. Sophie Kuijken's statement may be likened to that of Gilles Deleuze in* Difference and Repetition: *'If repetition exists, it expresses at once a singularity opposed to the general, a universality opposed to the particular, a distinctive opposed to the ordinary, an instantaneity opposed to variation, and an eternity opposed to permanence. In every respect, repetition is a transgression.' Gilles Deleuze,* Différence et répétition, *PUF, Épiméthée Collection, 1968.*
19. *Sophie Kuijken finishes each painting by focusing on the gaze of the figure, and most of the time this is rendered intense and almost hypnotising.*
20. *Alexis Jenni,* Dans l'attente de toi, *Paris, L'Iconoclaste, 2016.*
21. Portrait of Princess Amalia van Solms, *1632, Musée Jacquemart-André, Paris.*
22. *The list of these unique details would be too long to draw up: they range from vestimentary incongruities to physical alterations or even aberrations, and from tattoos to piercing, and the presence, to a lesser and greater degree, of pets.*
23. *As Roland Barthes in* La Chambre claire *stated: 'What I feel about these photographs derives from an average affect, almost from a certain training. I did not know a French word which might account for this kind of human interest, but I believe this word exists in Latin: it is* studium, *which doesn't mean, at least not immediately, 'study', but application to a thing, taste for*

sement général, empressé, certes, mais sans acuité particulière. [...] Le second élément vient casser (ou scander) le *studium*. Cette fois, ce n'est pas moi qui vais le chercher (comme j'investis de ma conscience souveraine le champ du *studium*), c'est lui qui part de la scène, comme une flèche, et vient me percer. Un mot existe en latin pour désigner cette blessure, cette piqûre, cette marque faite par un instrument pointu ; ce mot m'irait d'autant mieux qu'il renvoie aussi à l'idée de ponctuation et que les photos dont je parle sont en effet comme ponctuées, parfois même mouchetées, de ces points sensibles ; précisément, ces marques, ces blessures sont des points. Ce second élément qui vient déranger le *studium*, je l'appellerai donc le *punctum* ; car *punctum*, c'est aussi : piqûre, petit trou, petite tache, petite coupure – et aussi coup de dés. Le *punctum* d'une photo, c'est ce hasard qui, en elle, me point (mais aussi me meurtrit, me poigne) » (Roland Barthes, *La Chambre claire*, Paris, Gallimard, Seuil, coll. Cahiers du cinéma, 1980, p. 48-49).

24. Une ouverture parfois littérale, comme dans *B.I.B.* (2015-2016) où le corsage s'ouvre sous la pression de la fleur qui y est glissée ; néanmoins, ce que le regard projette, c'est la sensation d'un corps autopsié, d'un corps ouvert qui révélerait des organes internes qui auraient pris l'apparence de fleurs.
25. Cf. Daniel Arasse, *Le Détail. Pour une image rapprochée de la peinture*, Paris, Flammarion, coll. Champs, 1992.
26. De nombreux tableaux de Sophie Kuijken adoptent un cadrage semblable, comme *P.K.* (2015-2016), *Z.O.* (2015-2016), *R.M.* (2014), voire un cadrage légèrement plus serré sans toutefois devenir un gros plan du visage, comme *T.O.* (2015) ou *O.O.* (2015).
27. « There is a crack in everything / That's how the light gets in », in Leonard Cohen, *Anthem*, *The Future*, 1992.
28. Op. cit.
29. Comme le souligne Jean Luc Nancy, « on ne pense le corps qu'en le pesant » ; pourrait-on le rendre présent en le dé-pesant ?
30. Les trois figures de *R.A.E.* (2015-2016) ne semblent en attente que de la rupture du lien qui les réunit et qu'elles semblent subir avec résignation et abnégation.
31. *Z.P.*, *Z.O.*, *A.L.* et *B&T*, tous datés de 2015-2016, en sont des exemples parfaits.
32. « Nous avons l'art afin de ne pas mourir de la vérité » (Friedrich Nietzsche, *La volonté de puissance*, 1901). On pourrait à ce sujet rapprocher une partie de l'œuvre de Sophie Kuijken de la série des dix portraits de monomanes de Théodore Géricault.
33. Autrement dit, comme définition du « sujet », sortir du « je suis » au profit d'un « étant ».
34. Comme le soulignait Oscar Wilde : « Le vrai mystère du monde est le visible et non l'invisible » (*Le Portrait de Dorian Gray*, 1890-1891).
35. « Nous devons fermer les yeux pour voir lorsque l'acte de voir nous renvoie, nous ouvre à un vide qui nous regarde, nous concerne et, en un sens, nous constitue » (Georges Didi-Huberman, *Ce que nous voyons, ce qui nous regarde*, Paris, Éditions de Minuit, 1992).

someone, a kind of general, enthusiastic commitment, of course, but without special acuity. (...) is the second element that breaks (or punctuates) the studium. *This time, it is not I who seeks it out (as I invest the field of the* studium *with my sovereign consciousness), it is this element which rises from the scene, shoots out of it like an arrow, and pierces me. A Latin word exists to designate this wound, this prick, this mark made by a pointed instrument; the word suits me all the better in that it refers to the notion of punctuation, and because the photos I am speaking of are in effect punctuated, sometimes even speckled with these sensitive points: precisely these marks, these wounds are so many points. This second element which will disturb the* studium *I shall therefore call* punctum; *for* punctum *is also: sting, speck, cut, little hole–and also a cast of the dice. A photograph's* punctum *is the accident which pricks me (but also bruises me, is poignant to me).' (Roland Barthes,* La Chambre claire, *Paris, Gallimard, Le Seuil, Cahier du Cinéma Collection, 1980, pp. 48-49.*

24. An opening that is sometimes quite literal, as in B.I.B. *(2015-2016), in which the bodice opens under the pressure of the flower inserted into it; nevertheless what the gaze projects is the sensation of an autopsied body, an open body that reveals internal organs that have taken on the appearance of flowers.*
25. See Daniel Arasse, Le Détail. Pour une image rapprochée de la peinture, *Paris, Flammarion, Champs Collection, 1992.*
26. Many of Sophie Kuijken's works have a similar format, such as P.K. *(2015-2016),* Z.O. *(2015-2016), and* R.M. *(2014), and even slightly more tightly framed, yet without becoming a close up of a face, such as* T.O. *(2015) or* O.O. *(2015).*
27. 'There is a crack in everything / That's how the light gets in' in Leonard Cohen, Anthem, The Future, *1992.*
28. Op. cit.
29. As Jean Luc Nancy stated, 'a body can only be conceived in terms of its weight'; could it be given presence by 'un-weighing' it?
30. The three R.A.E. *figures (2015-2016) seem only to be waiting for the rupture of the link that brings them together and that they appear to endure with resignation and abnegation.*
31. Z.P., Z.O., A.L. *and* B&T, *all dating from 2015–2016, are perfect examples of this.*
32. 'We have our arts so we don't die of truth', Friedrich Nietzsche, The Will to Power, *1901. In relation to this, a part of Sophie Kuijken's oeuvre could be compared with the series of ten portraits of delusions or 'monomanias' painted by Théodore Géricault.*
33. In other words: come away from the 'am I' of the word as a subject, and focus on the notion of 'being'.
34. As Oscar Wilde said: 'The true mystery of the world is the visible, not the invisible.' in The Portrait of Dorian Gray, *1890-1891.*
35. 'We need to close our eyes in order to see when the act of seeing sends us to and opens an abyss that watches us, concerns us, and somehow constitutes us.' In Georges Didi-Huberman, Ce que nous voyons, ce qui nous regarde, *Paris, Éditions de Minuit, 1992.*

Sophie Kuijken – Au-dedans

Julie Crenn

Inside the world of Sophie Kuijken

« *Du visage humain émanait un silence, qui reposait le regard.* »

Walter Benjamin, *Petite Histoire de la Photographie* (1931).

"The human countenance had a silence about it in which the gaze rested."

Walter Benjamin. 'A Short History of Photography' (1931).

Lors de ma première rencontre avec la peinture de Sophie Kuijken, le silence s'est installé. Je me suis plongée dans les regards de ses personnages, ensuite, les références ont surgi. Évidemment, l'histoire de la peinture européenne s'est déroulée devant mes yeux. Ses portraits rappellent les peintures du Caravage, du Titien, de Jan Van Eyck, de Rembrandt, de Georges de La Tour, d'Antoine Van Dyck ou encore de Diego Vélasquez. Les peintures sont réalisées sur bois, par tradition et pour la rigidité que le médium impose. De l'arrière-plan

When I first saw Sophie Kuijken's paintings, a silence fell over me. I immersed myself in the faces of her figures, and they then evoked comparisons with the works of other painters. The history of European painting was obviously unfolding before my very eyes. Her portraits are reminiscent of paintings by Caravaggio, Titian, Jan van Eyck, Rembrandt, Georges de La Tour, Sir Anthony van Dyck, and Diego Velázquez. The paintings are executed on wood, in accordance with tradition and because of the rigidity of the support. A male or female figure generally emerg-

obscur se dégage une figure, masculine ou féminine. La posture du sujet guide le choix du format. La lumière provient des vêtements, des accessoires et de la peau. L'artiste insiste particulièrement sur les regards. Des analogies se dessinent entre sa peinture et ses prédécesseurs européens. Pourtant, c'est l'œuvre d'une artiste mexicaine qui m'est restée à l'esprit. Les autoportraits et les portraits peints par Frida Kahlo, entre 1926 et 1927, sont influencés par son étude de la peinture européenne. Frida Kahlo revisite les œuvres de Sandro Botticelli ou d'Agnolo Bronzino, en adoptant un étirement des corps, un trait fin et délicat, un travail poussé des étoffes et de la lumière. Kuijken et Kahlo partagent trois points communs : d'abord un goût pour l'étrange, puis le désir d'un renouvellement d'une tradition picturale, enfin une fascination pour les visages et plus particulièrement pour les regards. Trois dénominateurs communs qui vont constituer la trame de ma réflexion.

Depuis 1996, Sophie Kuijken recherche des images sur Internet. Tout commence sur un écran. Sur le clavier, elle tape des mots-clés imprécis, non ciblés. À partir de ces mots, elle obtient des centaines d'images parmi lesquelles elle observe les visages, les yeux, les mains, les attitudes corporelles, les accessoires. Elle procède ainsi à une sélection d'images répertoriées dans des dossiers datés. Le rapport au temps constitue une donnée essentielle dans sa recherche, les images apparaissent dans un contexte (sociologique, politique, médiatique, économique) spécifique. Une même recherche réalisée quelques semaines auparavant ou

es from a dark background. The figure's posture dictates the choice of format. Light emanates from the clothing, accessories, and skin. The artist focuses in particular on gazes. Comparisons can be drawn between her paintings and those of her European predecessors. However, they very much reminded me of the work of a Mexican artist. The self-portraits and portraits painted by Frida Kahlo, between 1926 and 1927, were influenced by her study of European painting. Frida Kahlo was influenced by the works of Sandro Botticelli and Agnolo Bronzino: the figures in her works were elongated, her representations were rendered with fine and subtle lines, and she paid particular attention to the representation of fabrics and light. Kuijken and Kahlo share three characteristics: firstly, a taste for the strange, secondly, a desire to revive a pictorial tradition, and, lastly, a fascination with faces and, more specifically, gazes. These three common elements will form the basis of my analysis of her work.

Since 1996, Sophie Kuijken has searched for images on the Internet. Everything begins on a screen. She types unspecific non-targeted keywords on a keyboard. From these words she obtains hundreds of images, among which she observes the faces, eyes, hands, postures, and accessories. She thereby selects a series of images that are organised in dated files. The concept of time is a fundamental element in her search for images, as the images appear in a specific (sociological, political, media, or economic) context. A search conducted several weeks before or later would not produce the same results. The artist then works on the images with image retouching software. Converted into black and white im-

quelques semaines plus tard ne donne pas lieu aux mêmes résultats. Les images du dossier sont ensuite travaillées par l'artiste au moyen d'un logiciel de retouche visuelle. Passées en noir et blanc, elles sont superposées, recadrées, découpées, réagencées, hybridées. En mixant les portraits anonymes, Sophie Kuijken construit ses propres figures en combinant l'œil d'une femme, les joues d'un enfant, les mains d'un vieillard, le sourire d'un homme ou les jambes d'un adolescent. Les corps, les temporalités, les géographies et les histoires sont entremêlés au profit d'une nouvelle identité, une nouvelle présence. L'artiste initie un véritable travail de collage pour mettre à jour ses figures imaginaires. L'image finale, toujours en noir et blanc, est transposée à la peinture à l'huile sur le bois. Son traitement est extrêmement minutieux. Le plus souvent, ses figures apparaissent sur un arrière-plan obscur (vert foncé, marron profond, noir, anthracite), elles s'inscrivent dans un non-lieu. Le regardeur est privé d'indices spatio-temporels, de symboles ou d'éléments significatifs, le contexte est sciemment dissimulé. Seule la figure s'impose à nos yeux, elle nous regarde. Elle nous apparaît hors du temps, hors de toute histoire. Les fragments de corps et de visages se fondent, l'artiste rend invisibles les marques du collage. Dans un premier temps, nous pensons être face à une peinture réaliste, puis, avec le temps de l'observation, un sentiment étrange nous envahit. De subtils décalages se révèlent : la forme et la couleur d'un œil différentes de celles de son voisin, une teinte de peau surnaturelle, des mains trop grandes, un buste trop court, un nez curieusement masculin sur

ages, they are superimposed, resized, cropped, reorganised, and combined. By combining the anonymous portraits, Sophie Kuijken creates her own figures by mixing a woman's eye with a child's cheeks, an old man's hands, a man's smile, or an adolescent's legs. The bodies, temporalities, geographies, and histories are combined to create a new identity, a new presence. The artist creates a veritable collage in order to contemporise her imaginary figures. The final image, which is always in black and white, is represented in oils on wood. The representations are rendered in great detail. Her figures are generally depicted on a dark background (dark green, dark brown, black, or anthracite) and are not represented in a recognisable setting. The viewer is deprived of spatial and temporal references, symbols, and significant elements – the context is deliberately concealed. The figure, which gazes at the viewer, holds the viewer's gaze. It is timeless and outside any frame of reference. The fragments of bodies and faces merge, as the artist conceals the edges of the collage's component elements. We initially think that we are looking at a realistic painting, but, as we observe the painting, a strange feeling comes over us. Subtle differences become evident: we notice that the shape and colour of an eye are different from those of the other eye, the colour of the skin is unnatural, the hands are too large, the chest is too short, or that a woman's face has a surprisingly masculine nose. Although the treatment of the figures is realistic, they are composed of a compilation of fragmented and constructed individuals. We have to observe the details in order to appreciate the richness of each of her figures. Sophie Kuijken attaches

un visage féminin. Si le traitement est d'obédience réaliste, la figure résulte d'une compilation d'individus fragmentés et articulés. Il nous faut observer les détails pour comprendre la richesse de chacune de ses figures. Sophie Kuijken attache une grande importance à leurs regards. Au moment de la réalisation du portrait, elle engage une relation quasi hypnotique avec le nouvel individu. Elle confie d'ailleurs y mettre beaucoup d'elle-même, de sa propre vie intérieure.

Sophie Kuijken entretient une exigence de la peinture. Pendant vingt ans, elle peint, seule dans son atelier, à l'abri des regards indiscrets. Elle peint, puis détruit et recommence. Elle peint jusqu'à obtenir un résultat satisfaisant, à la hauteur de son exigence. L'artiste connaît trop bien l'histoire de la peinture ancienne et moderne pour se contenter de l'imiter. Elle se coupe non seulement des regards indiscrets, mais aussi de la création contemporaine, pas d'expositions, pas de revues, aucune information, aucune influence n'est possible. Depuis son enfance, l'artiste est fascinée par les peintures de Rubens, du Titien, de Goya et de Rembrandt. Grâce aux recherches visuelles sur Internet, elle élabore un processus de création adapté aux allers-retours entre le passé et le présent. Elle jongle ainsi avec les époques, les visages proviennent du XIXe, du XXe et du XXIe siècle. Un travail de manipulation des images qui complique l'inscription temporelle et picturale de son œuvre. Si les références anciennes tiennent une place prépondérante, les références modernes et contemporaines trouvent une place tout aussi importante. Ainsi, pour la période

great importance to their gazes. When she is executing the portrait, she develops an almost hypnotic relationship with the new individual. She admits that she puts much of herself – her inner life – into her work.

Sophie Kuijken is very exacting as regards her painting. For twenty years, she painted alone in her studio, away from prying eyes. She painted, destroyed paintings, and started all over again. She painted until she achieved a satisfactory outcome that lived up to her high standards. The artist was too familiar with the history of ancient and modern painting to merely imitate it. She not only hid herself away from prying eyes but also cut herself off from contemporary art: she did not visit any exhibitions, read no art journals, and avoided any forms of information or influences. Since her childhood, the artist has been fascinated by paintings by Rubens, Titian, Goya, and Rembrandt. Thanks to her visual searches on the Internet, she has developed a creative process that is well adapted to the to and fros between the past and present. Hence, she plays with different periods: the faces come from the nineteenth, twentieth, and twenty-first centuries. The manipulation of the images makes it difficult to place her work in a particular temporal and pictorial framework. Although references to ancient works play a key role in her work, modern and contemporary influences play an equally important role. Hence, there are indications of influences from artists in the modern period: the portraits (and self-portraits) by Francis Picabia, Otto Dix, Christian Schad, and Balthus. These painters' works also provoke a feeling of disquieting strangeness. The deliber-

moderne, les portraits (et autoportraits) de Francis Picabia, d'Otto Dix, de Christian Schad ou encore de Balthus peuvent être évoqués. Une impression d'inquiétante étrangeté est partagée avec les peintres mentionnés. L'absence volontaire de repères spatio-temporels et la dimension théâtrale des peintures de Sophie Kuijken rappellent également l'ambiguïté, le dépouillement, le doute et la radicalité qui structurent le théâtre et la poésie de Samuel Beckett. L'artiste décide des couleurs et des matières des vêtements de ses figures, qui peuvent paraître costumées. Elle met en scène ses personnages, qui apparaissent seuls, en duo ou en groupe. Ils peuvent aussi être combinés à des figures animales comme le cheval, le chien, le cochon ou le poisson. L'intemporalité, la présence, l'intensité, l'intimité et l'humanité représentent un espace commun de réflexion. Des caractéristiques que nous retrouvons également dans la création contemporaine lorsque nous pensons, par exemple, aux peintures de Lucian Freud, aux sculptures-portraits de Stephan Balkenhol, aux œuvres vidéo de Bill Viola, aux portraits photographiques de Wolfgang Tillmans, de Pieter Hugo et de Rineke Dijkstra, aux ballets de Pina Bausch ou encore aux films énigmatiques de Lars von Trier (Dogville plus spécifiquement). Un lien peut aussi être établi avec le travail photographique de Pierre Gonnord (né en 1963, en France), qui, depuis la fin des années 1980, réalise des portraits aussi troublants et profonds. Si l'artiste flamande s'approprie le médium photographique pour produire ses peintures, l'artiste français, lui, confère à ses images une dimension picturale proche de la peinture.

ate absence of spatial and temporal references and the theatrical dimension of Sophie Kuijken's paintings also evoke the ambiguity, asceticism, doubt, and radicalism that are at the root of Samuel Beckett's plays and poetry. The artist chooses the colours and fabrics of the clothing on her figures, who may be costumed. Her figures are represented alone, in groups of two, or in larger groups. They may also be combined with animal figures, such as horses, dogs, pigs, and fish. The timelessness, presence, intensity, intimacy, and humanity constitute a common space for reflection. These characteristics are also found in contemporary art: for example, in Lucian Freud's paintings, Stephan Balkenhol's portrait busts, Bill Viola's video works, the photographic portraits by Wolfgang Tillmans, Pieter Hugo, and Rineke Dijkstra, Pina Bausch's ballets, and Lars von Trier's enigmatic films (more specifically Dogville). There are also similarities with the photographic work of Pierre Gonnord (born in 1963, in France), who has shot portraits that are both disquieting and profound since the end of the 1980s. Although the Flemish artist uses the medium of photography to produce her paintings, the French photographer gives his images a pictorial dimension that is similar to painting.

The central theme in Sophie Kuijken's work is humanity. Unlike Frida Kahlo and other painters I have mentioned, she does not paint portraits of her relatives. By recreating composite figures, she tends to paint the face of mankind in all its diversity and complexity – a diverse, transhistorical, and transgender face, whose aura attests to its profundity. In 1931, Walter Benjamin defined a work's aura as: "A strange weave of time

L'humanité est le sujet central de l'œuvre de Sophie Kuijken. Contrairement à Frida Kahlo et à d'autres peintres cités, elle ne peint pas les portraits de ses proches. En restituant des figures composites, elle tend à peindre le visage du genre humain dans toute sa diversité et sa complexité. Un visage pluriel, transhistorique et transgenre, dont l'aura atteste de sa profondeur. En 1931, Walter Benjamin définit l'aura d'une œuvre : « Un étrange tissu d'espace et de temps : l'apparition unique d'un lointain, aussi proche soit-il. » Le passé se mêle au présent, les références se télescopent au profit d'une œuvre aux allures intemporelles. Dans l'espace de la peinture, elle fabrique des individus vecteurs de sa vision du monde. En fouillant les moteurs de recherche, Sophie Kuijken explore une mosaïque infinie, les entrailles du visage humain dont elle compose et recompose les traits.

and space: the unique semblance of distance, no matter how close the object may be". *The past blends with the present and the references converge to create a timeless work. In the pictorial space, she creates individuals who convey her vision of the world. By using search engines, Sophie Kuijken explores an infinite mosaic of images – the intricacies of the human face, whose features she composes and recomposes.*

Note

1. Walter Benjamin, *Petite Histoire de la photographie*, Paris, Allia, 2012, p. 39-40.

1. *Walter Benjamin,* 'A Short History of Photography', *Paris, Allia, 2012, p. 39-40.*

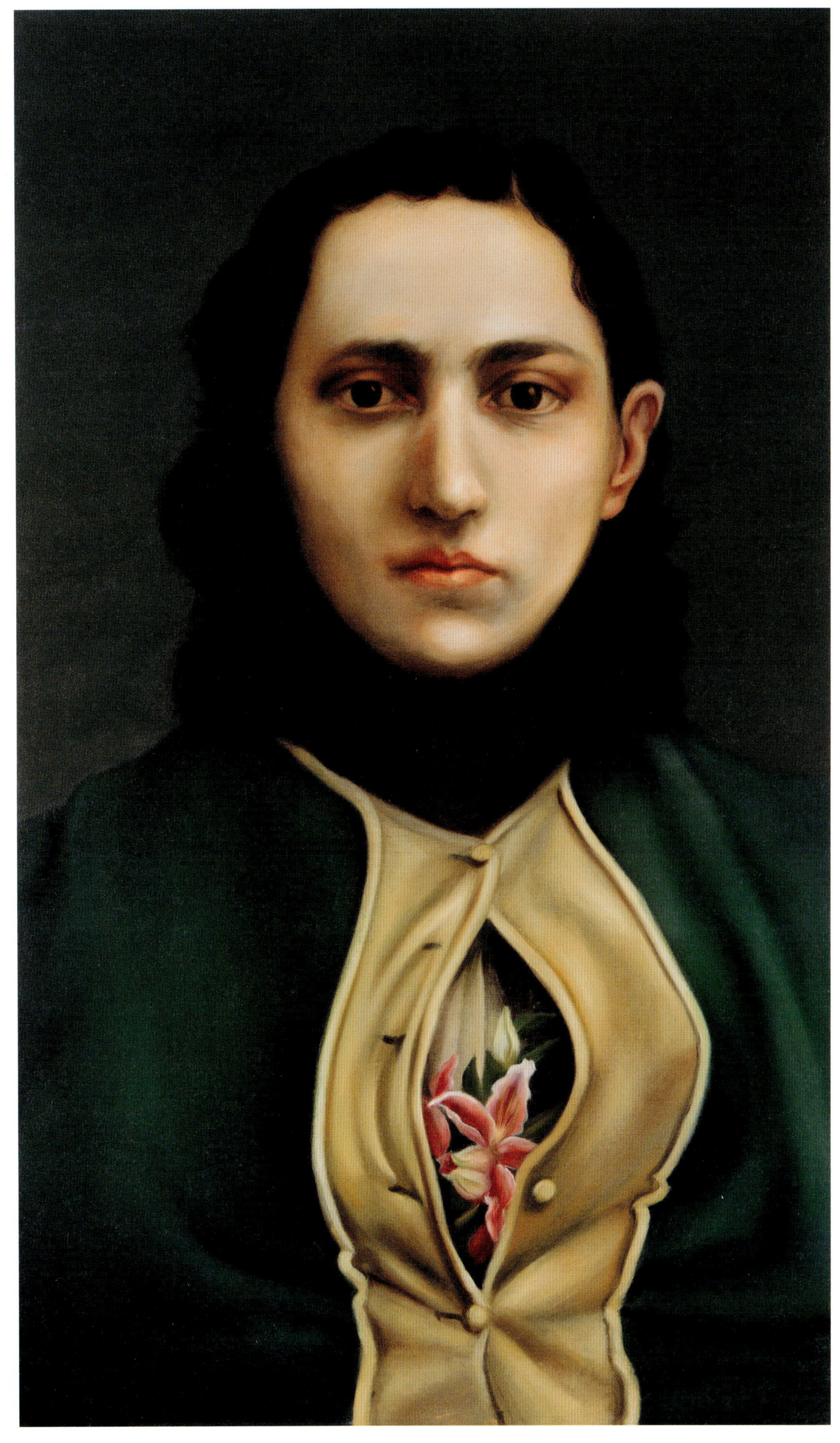

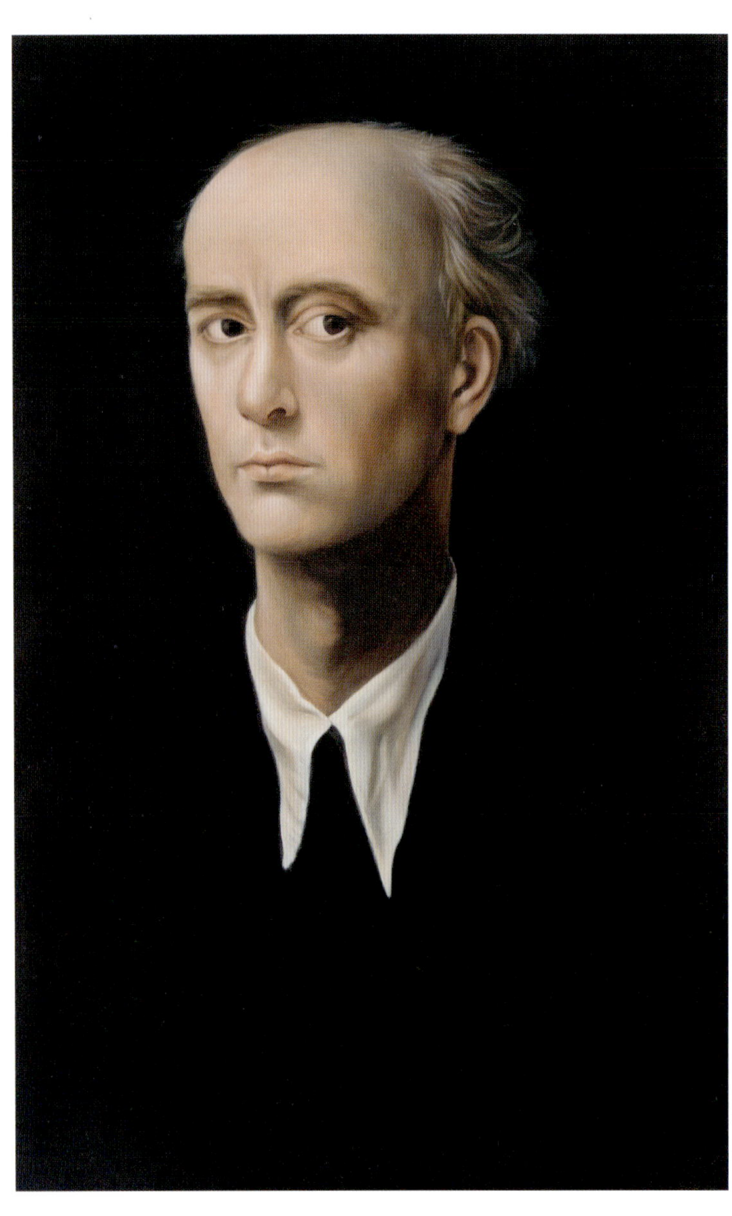

P.K., 2015-16

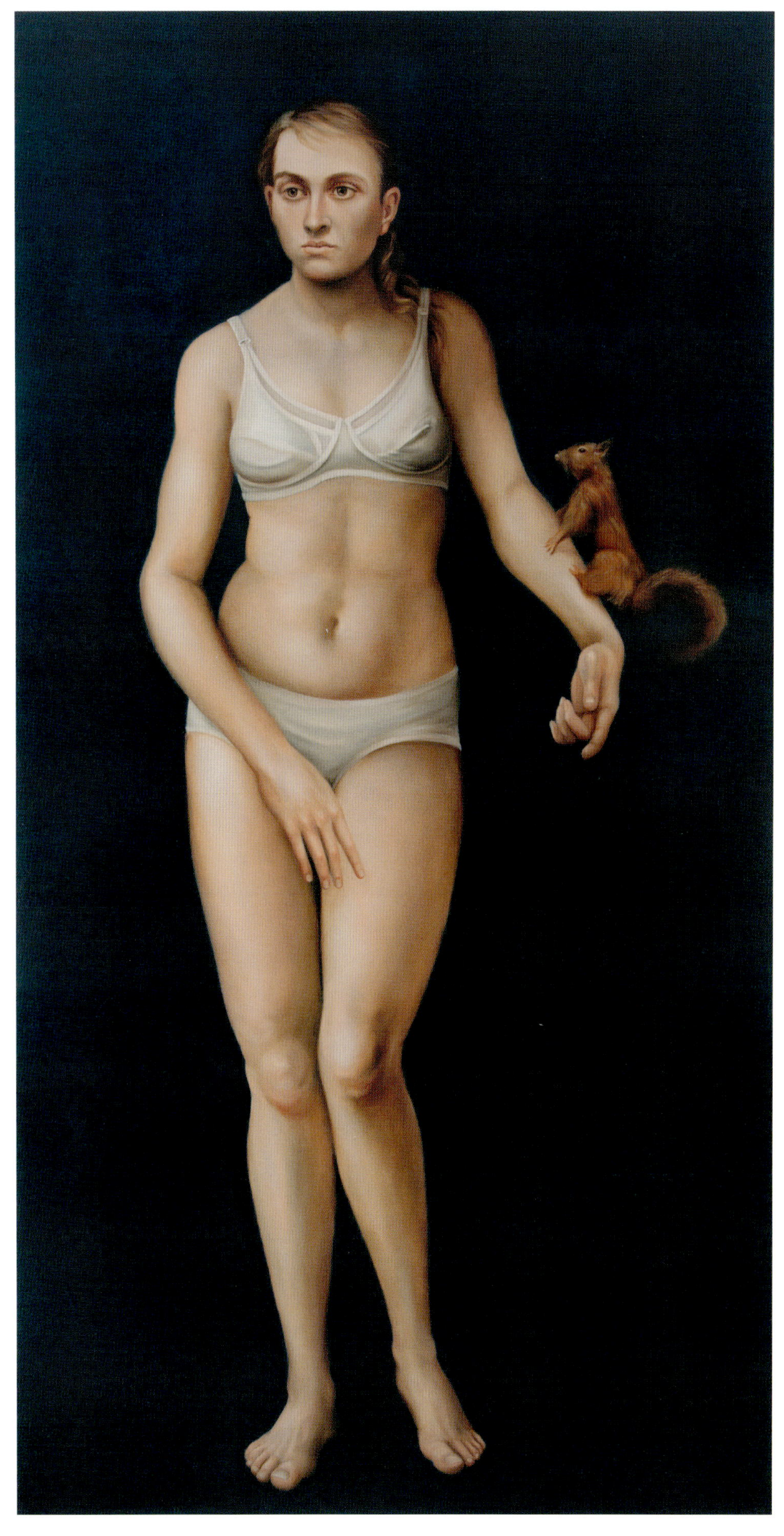

E.K., 2015-16

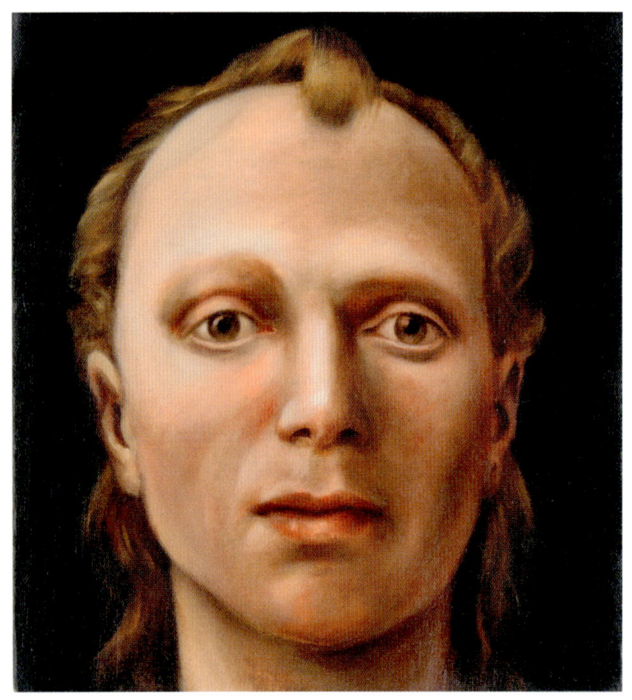

K.H., 2015-16

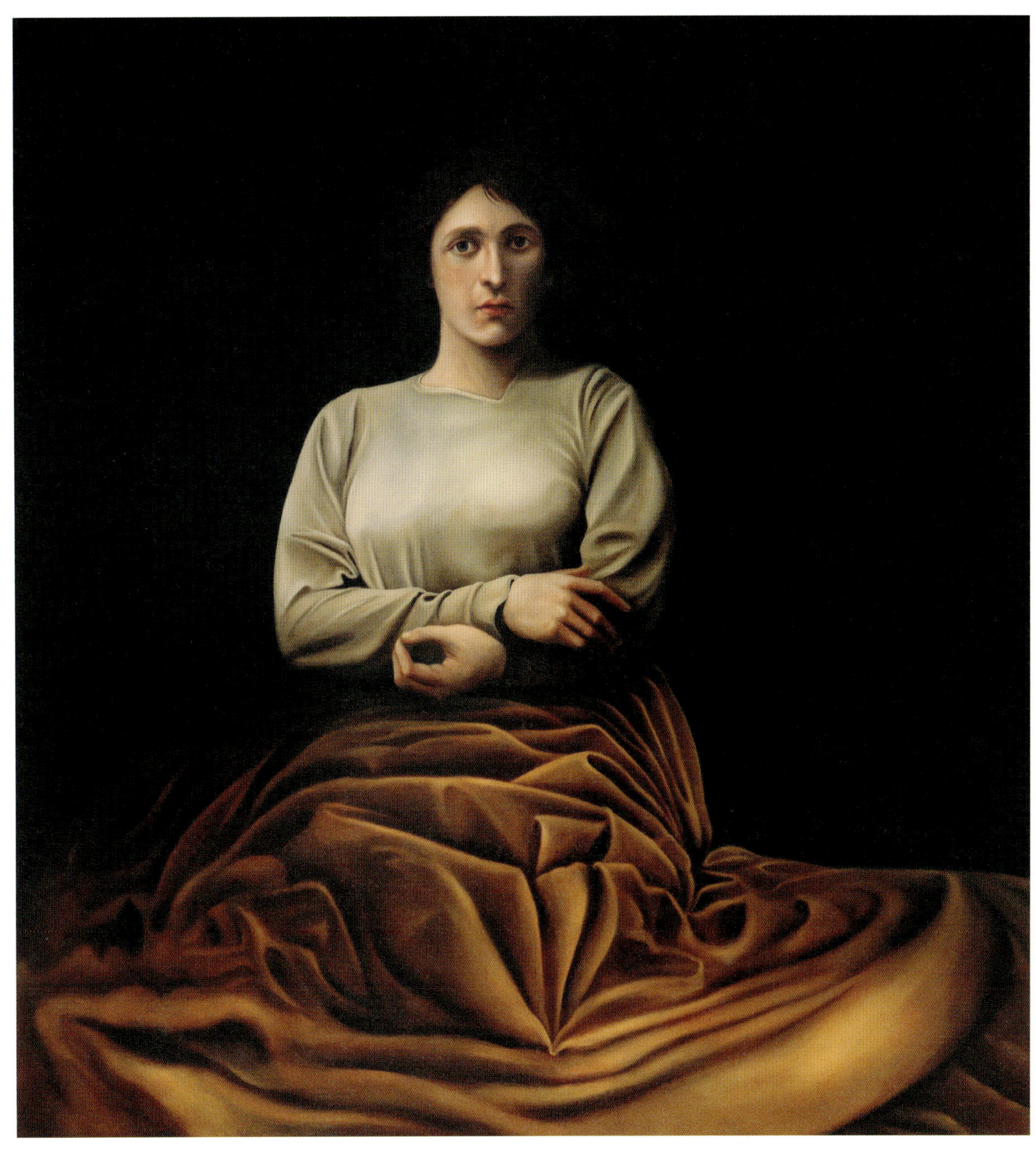

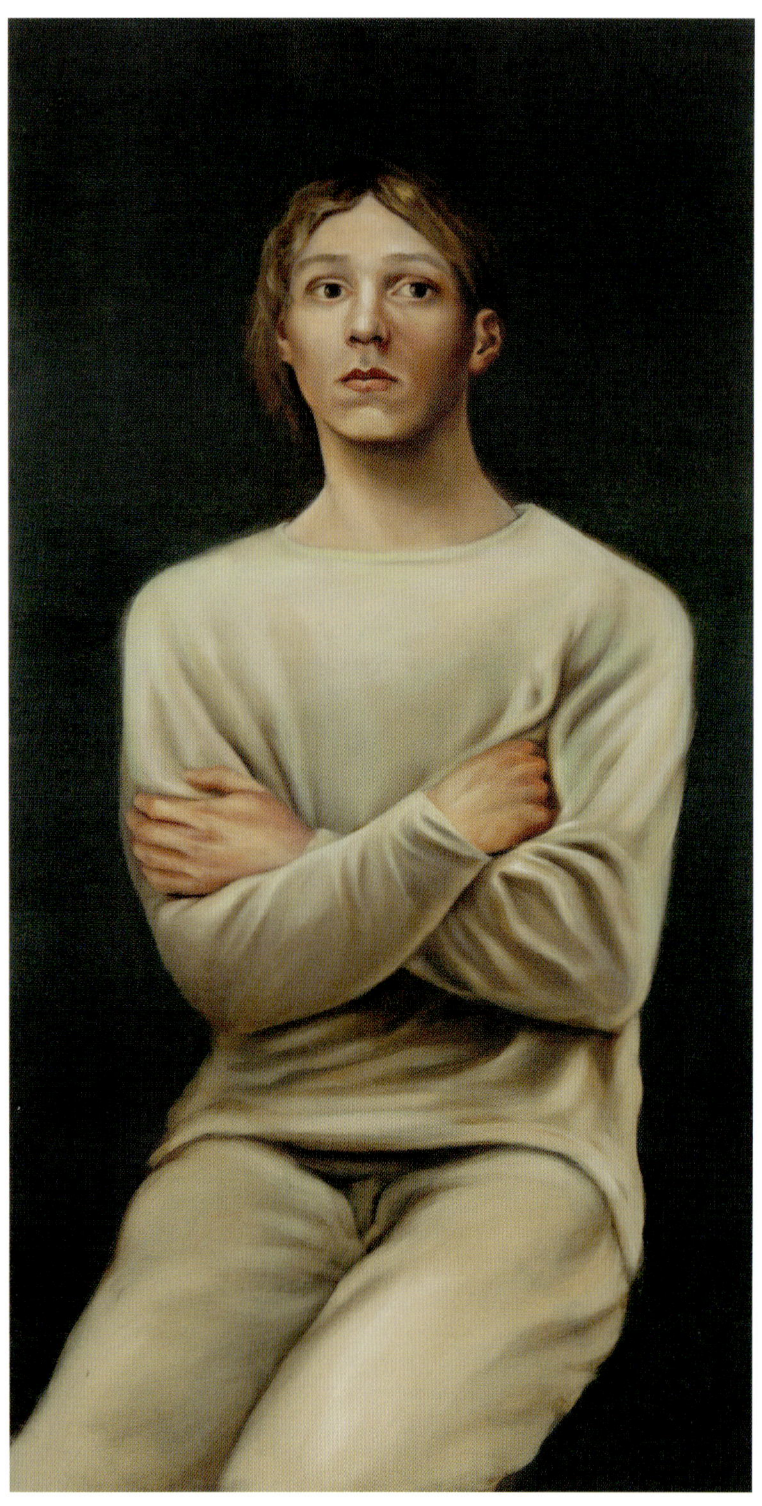

S.T.P., 2014

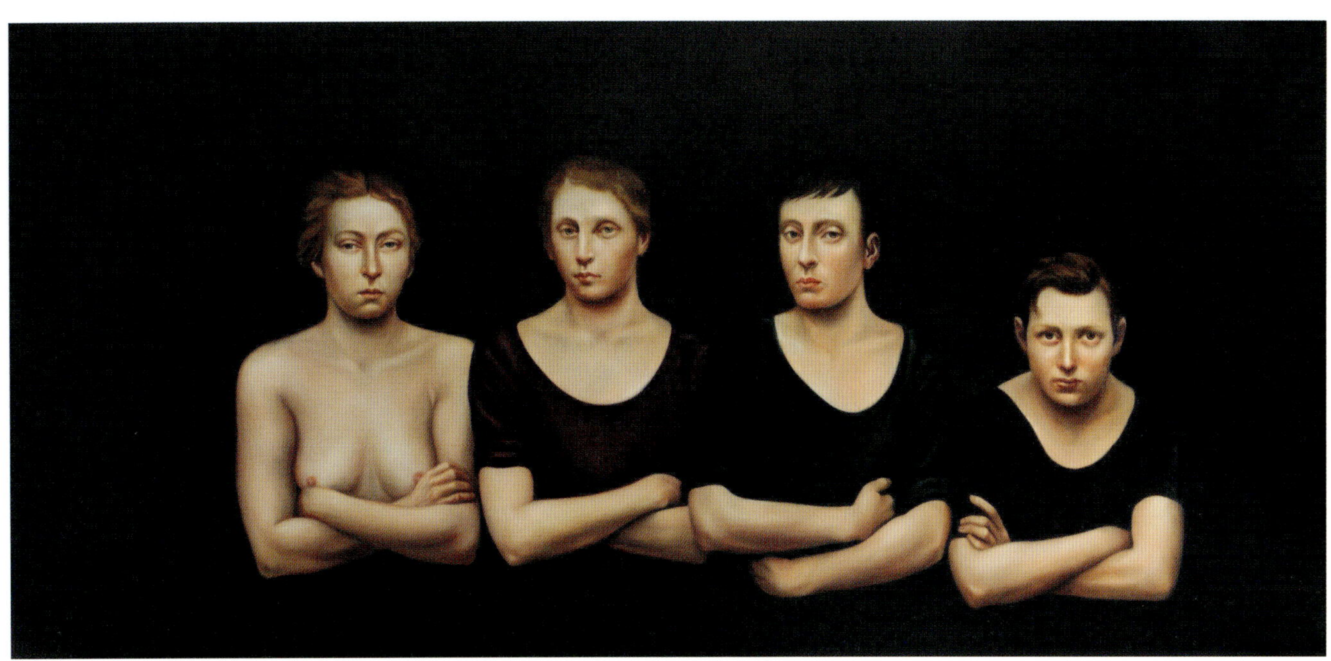

G.K.A.M., 2014

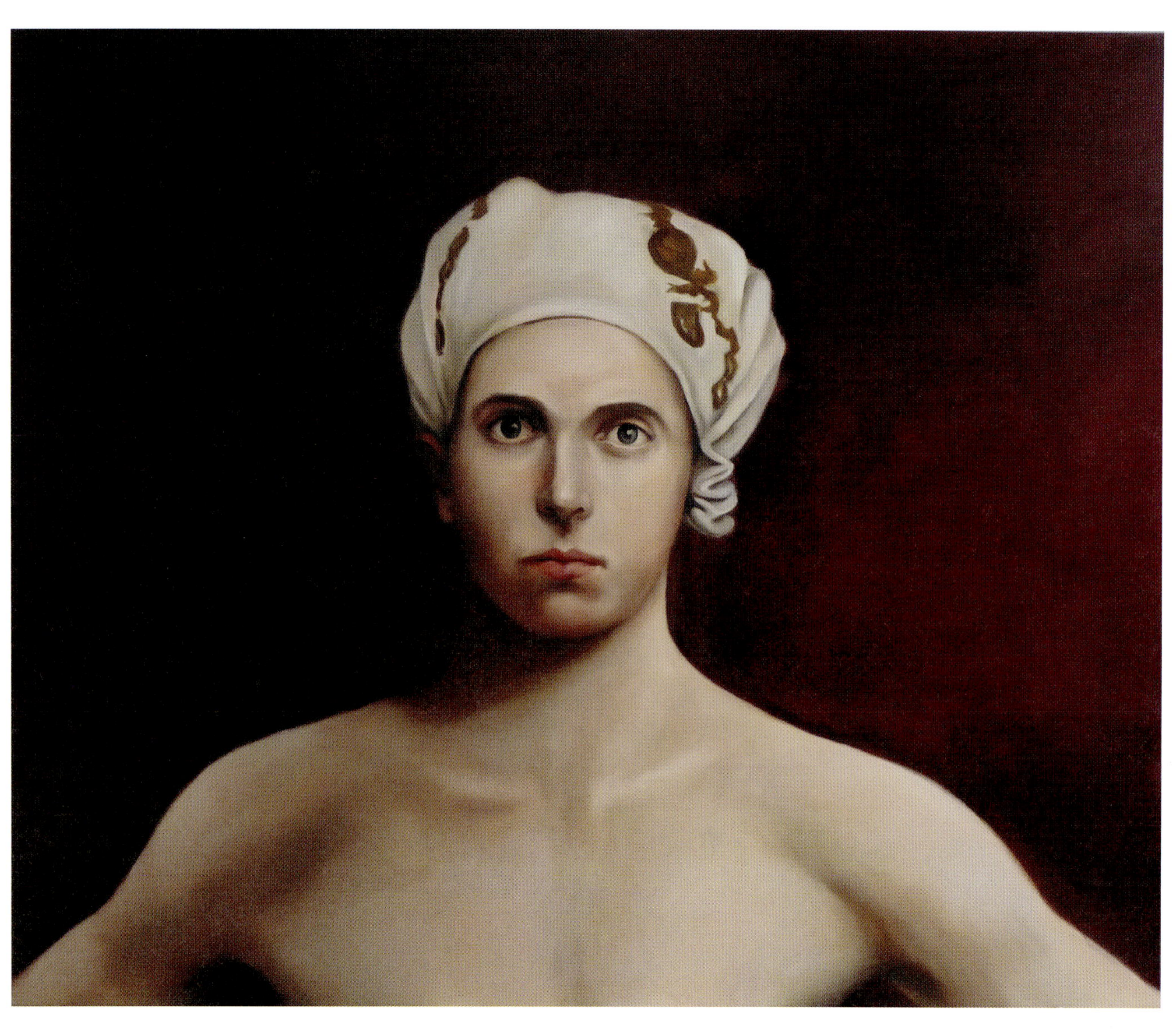

T.M., 2013

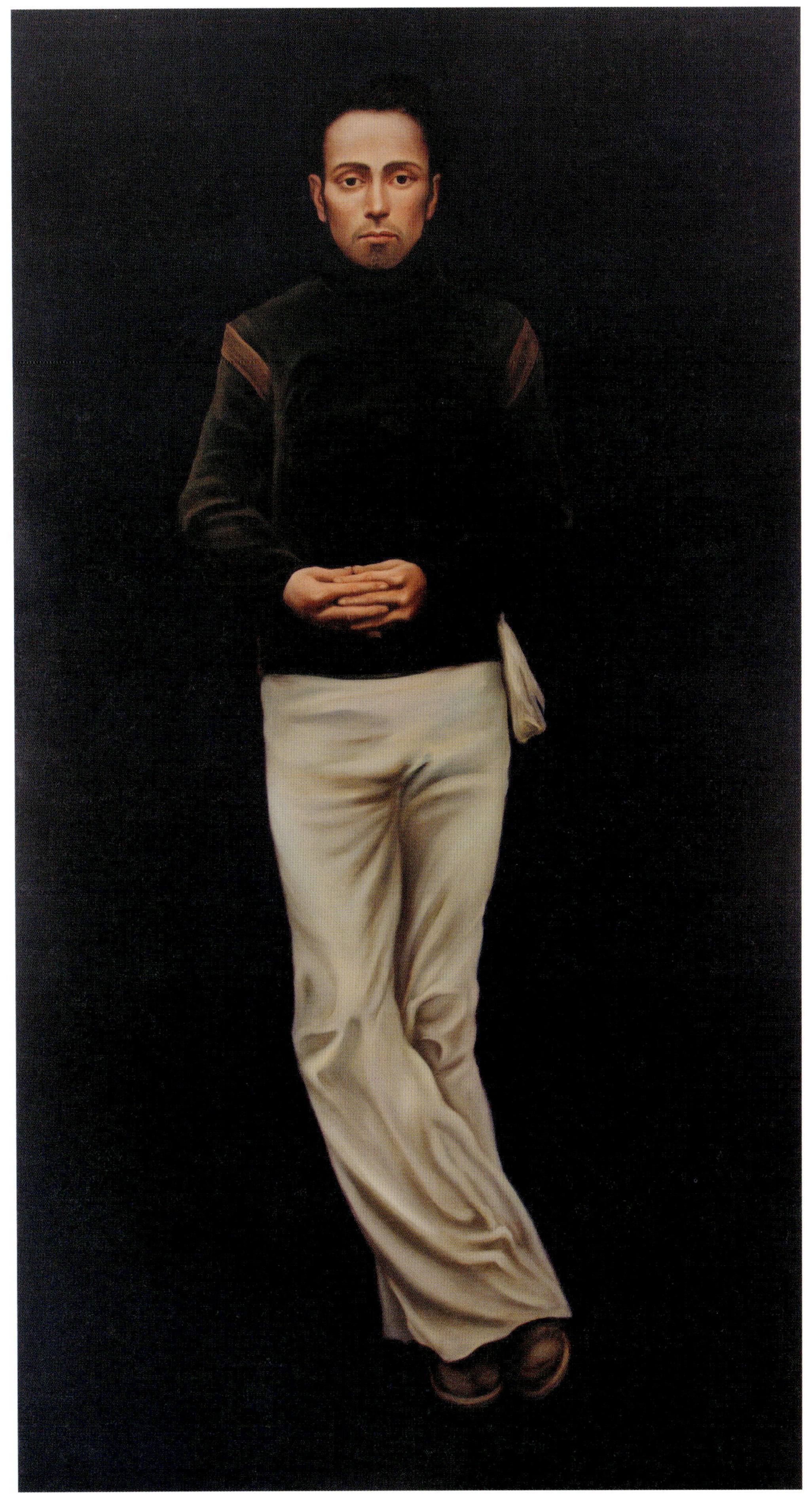

A.L., 2015-16

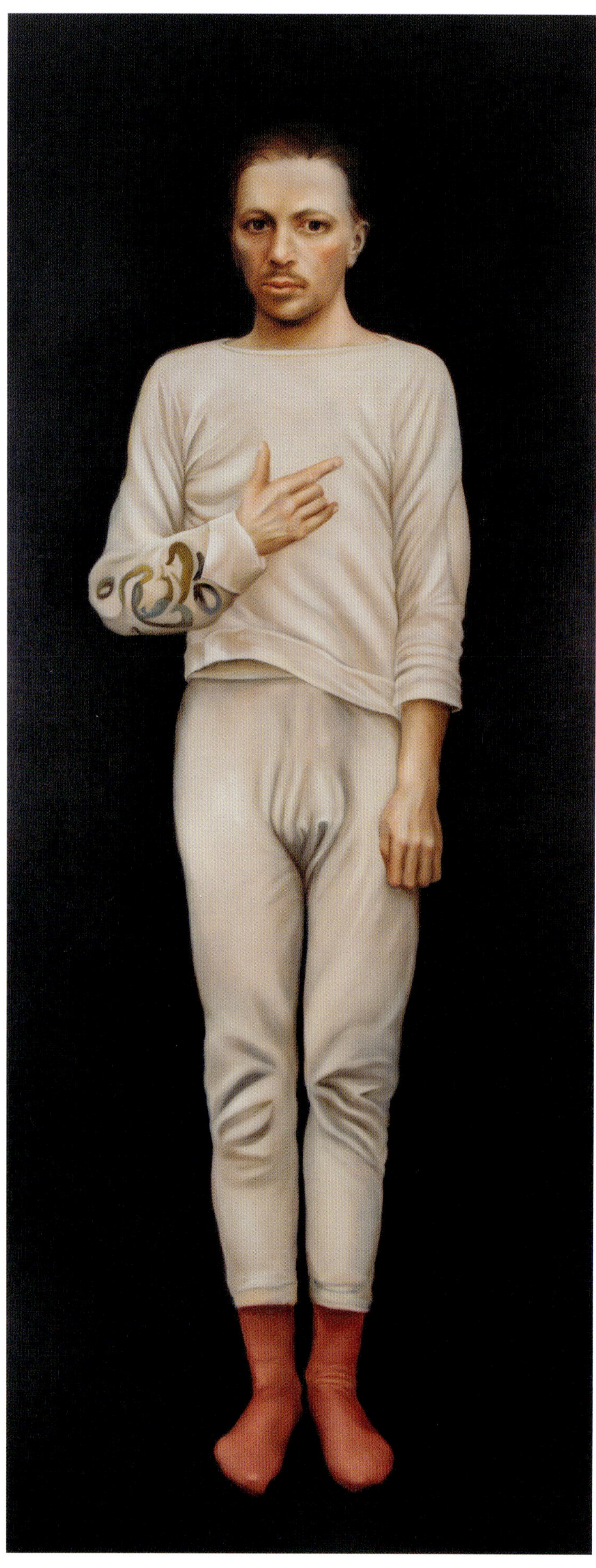

H.I.B., 2015-16

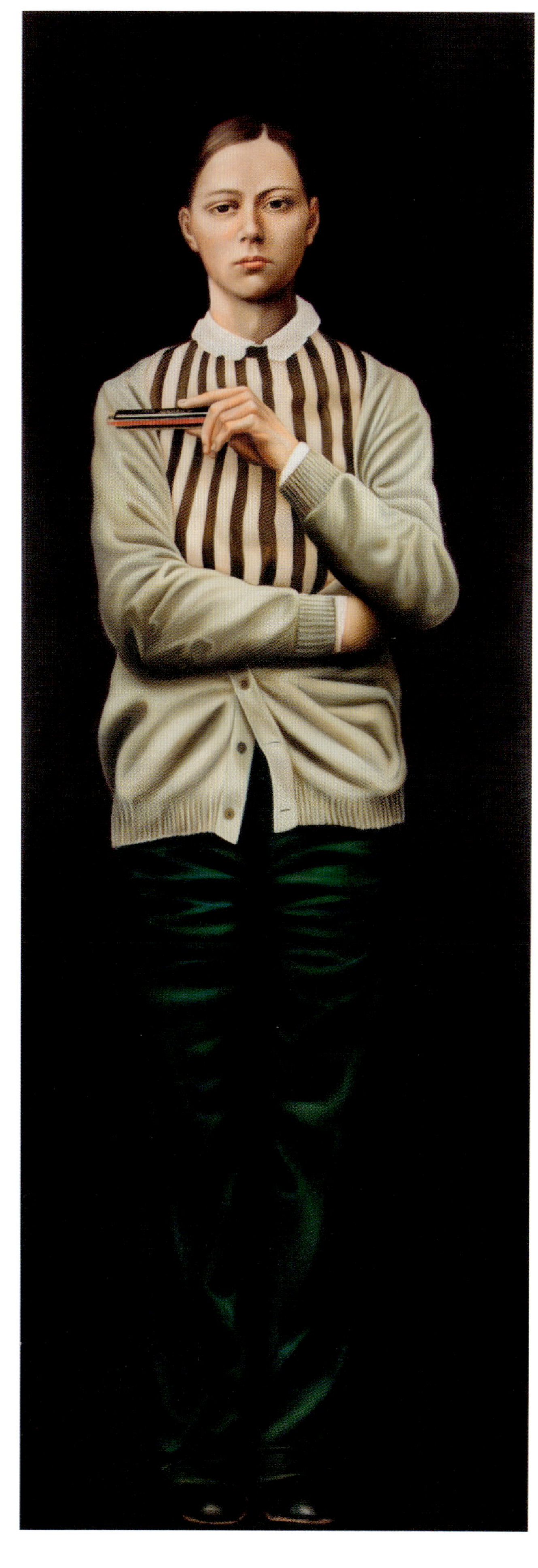

M.H., 2015-16

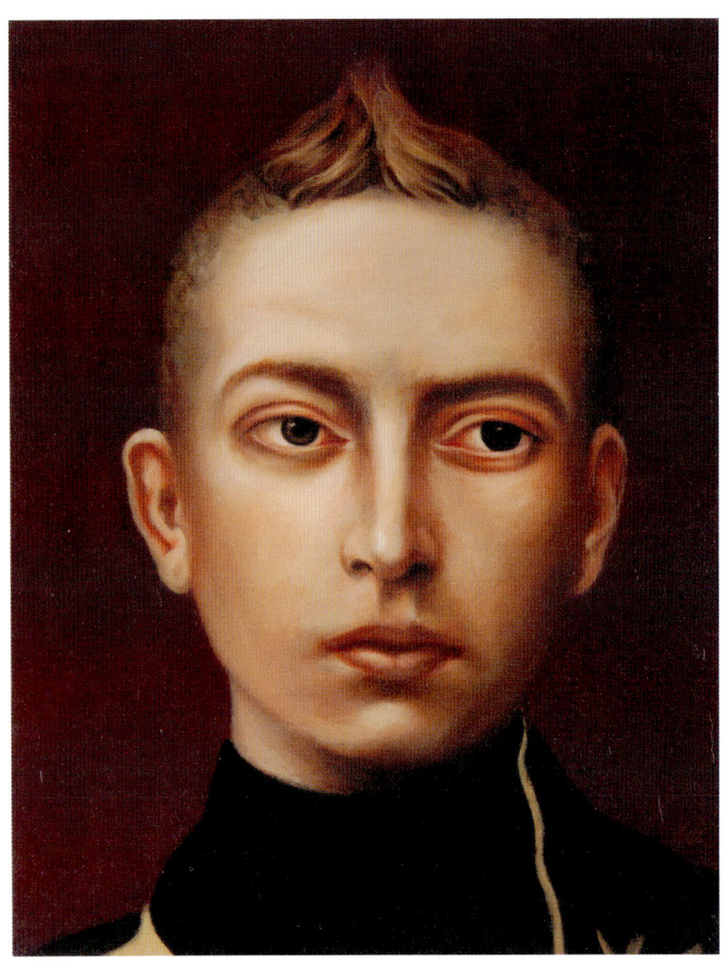

O.O., 2015

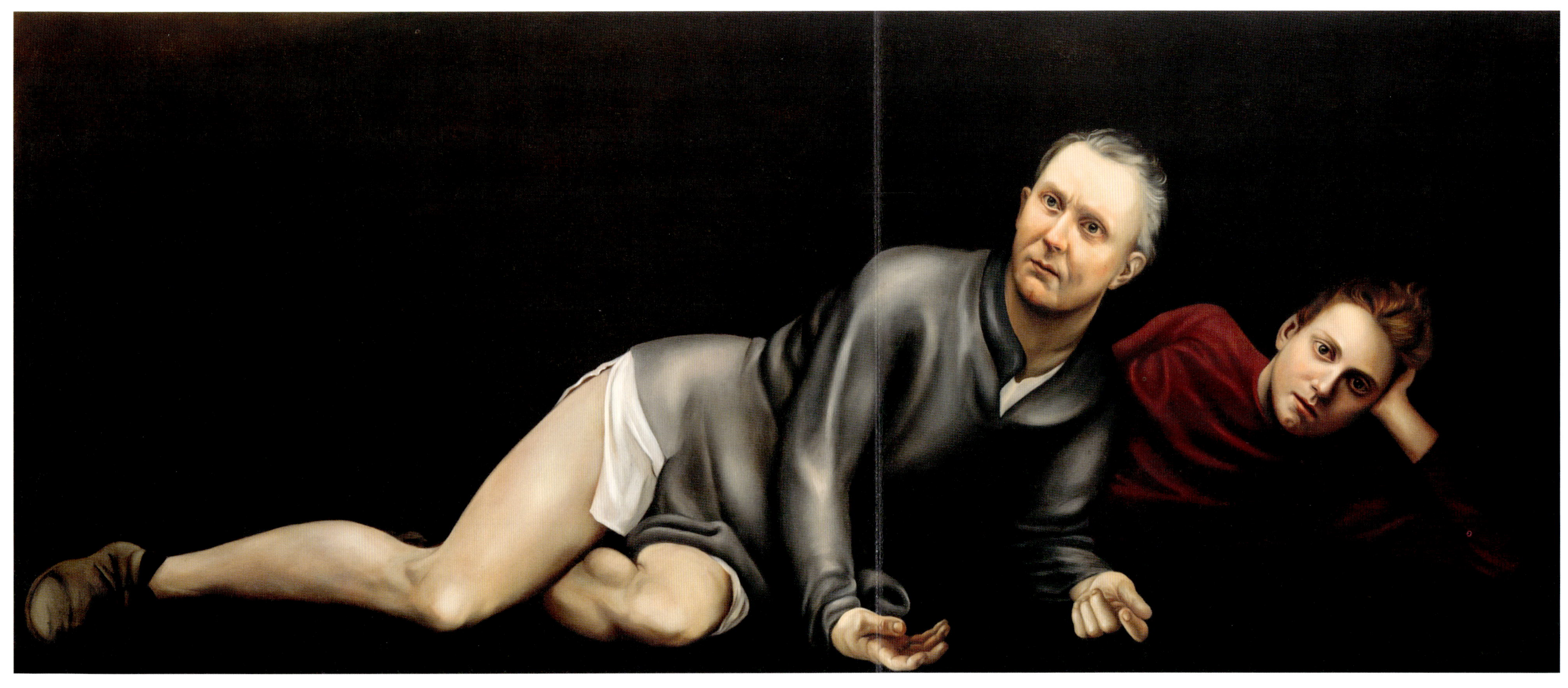

O.D.G., 2014

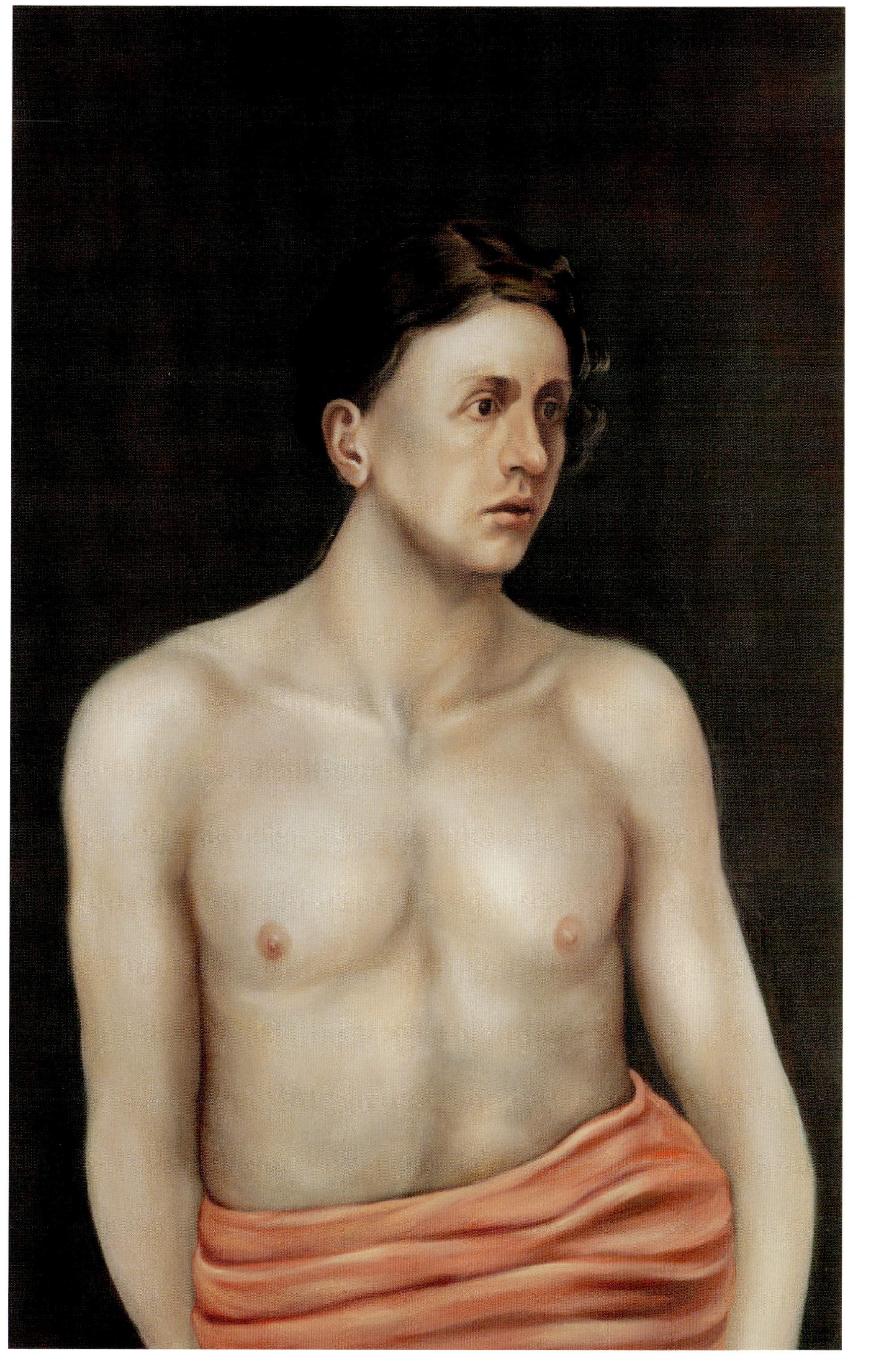

K.(E).B., 2013

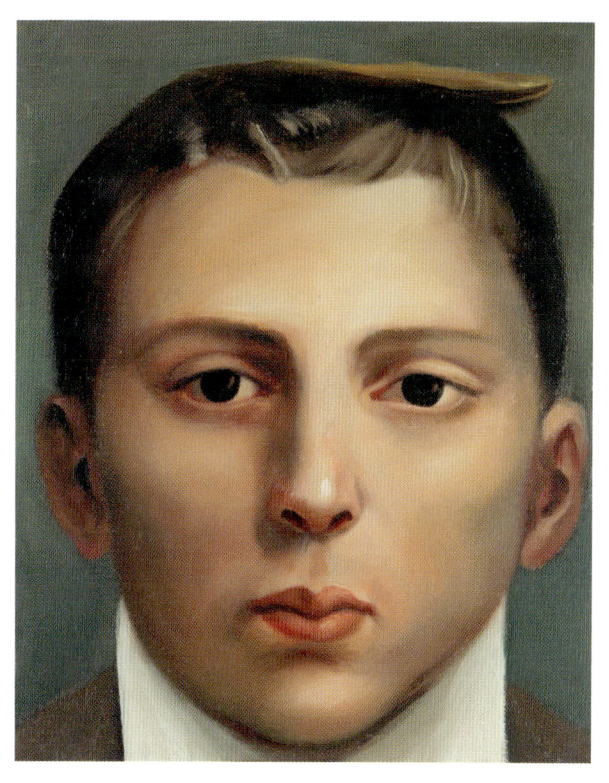

B.L., 2014

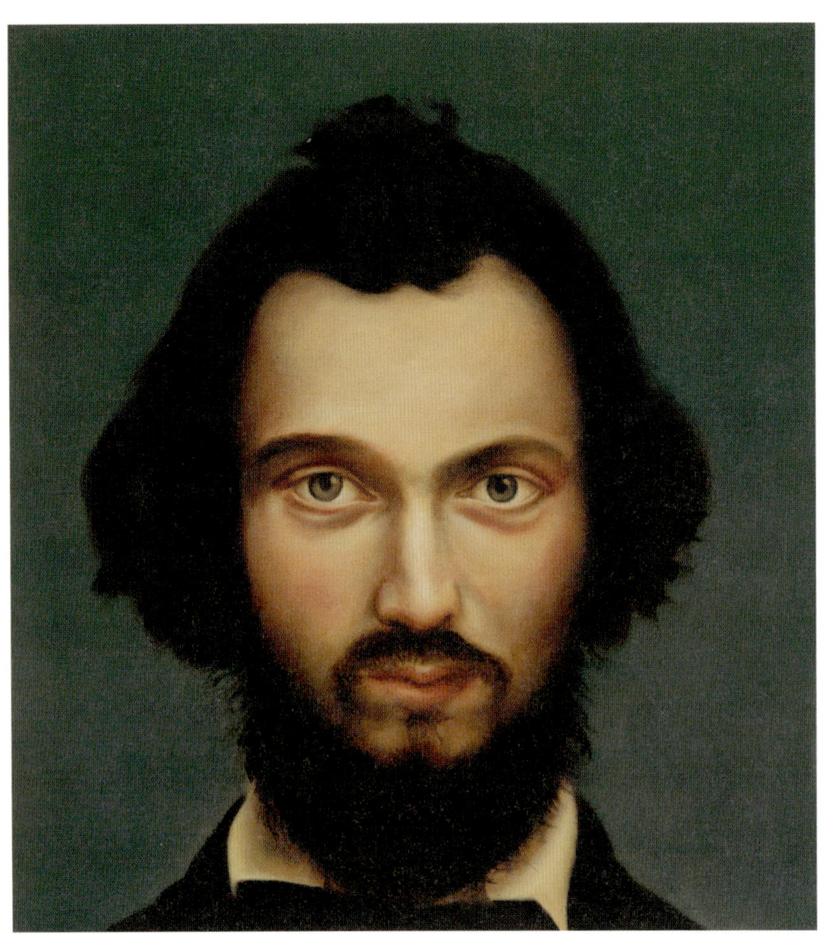

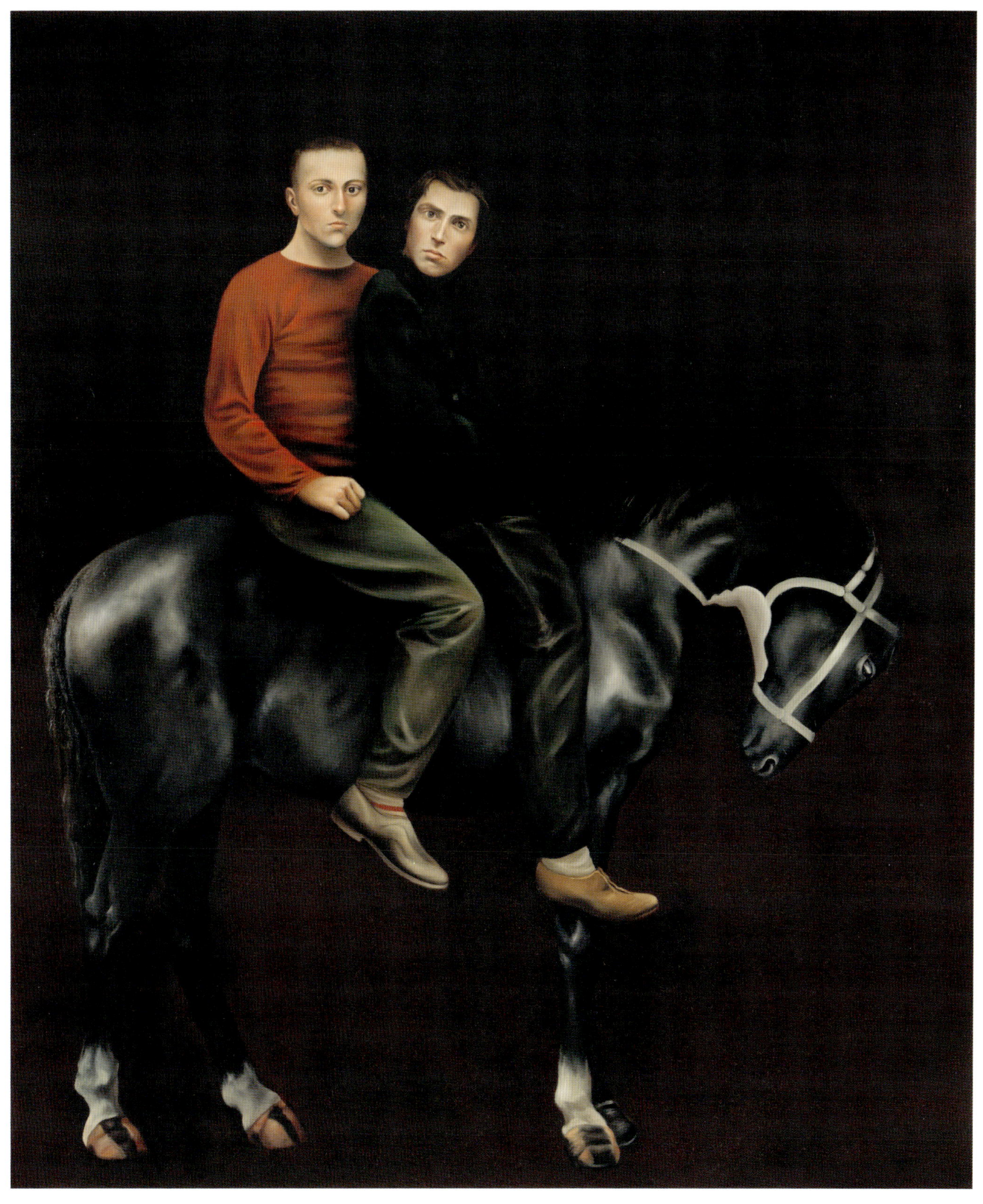

R.O.P., 2014

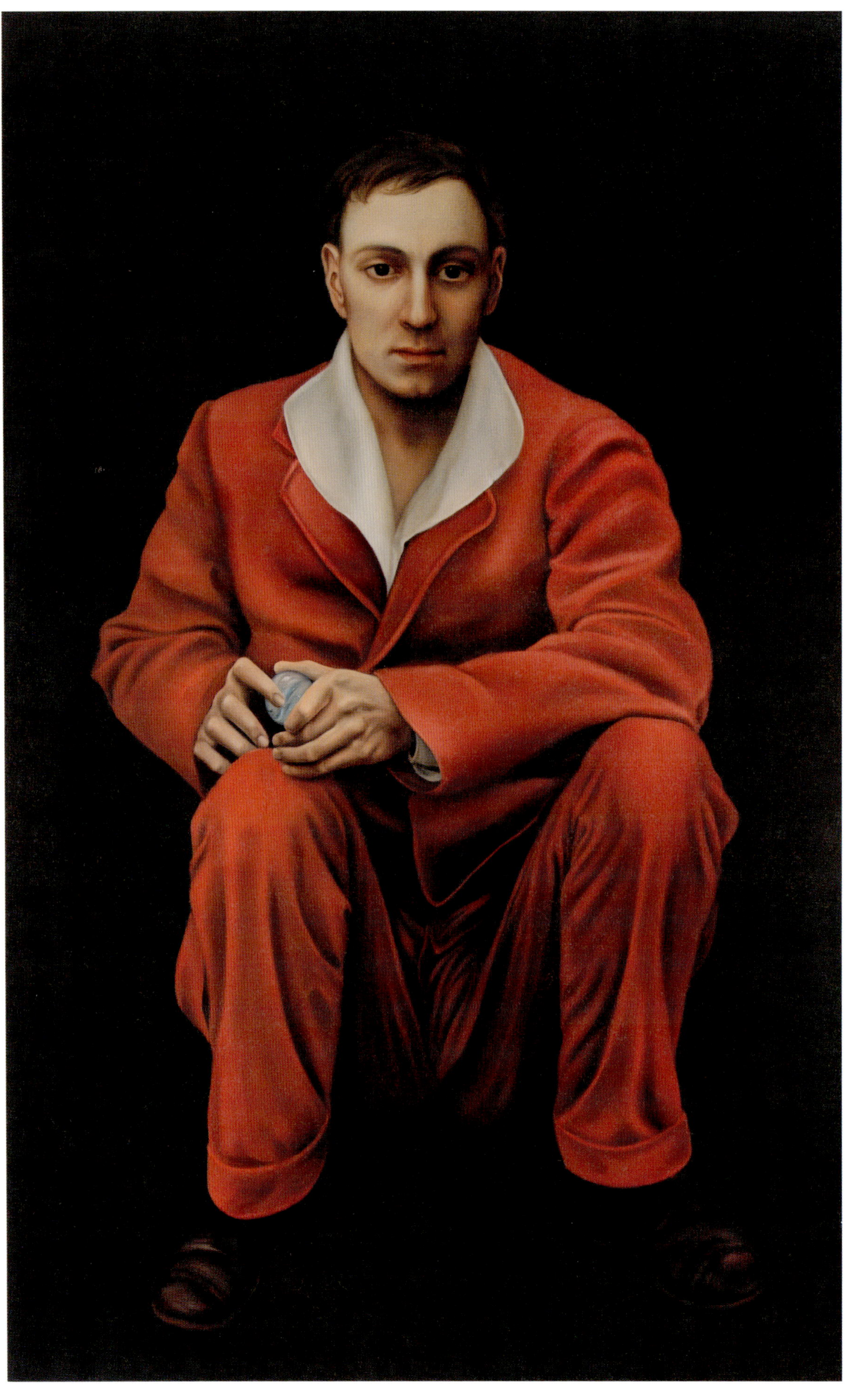

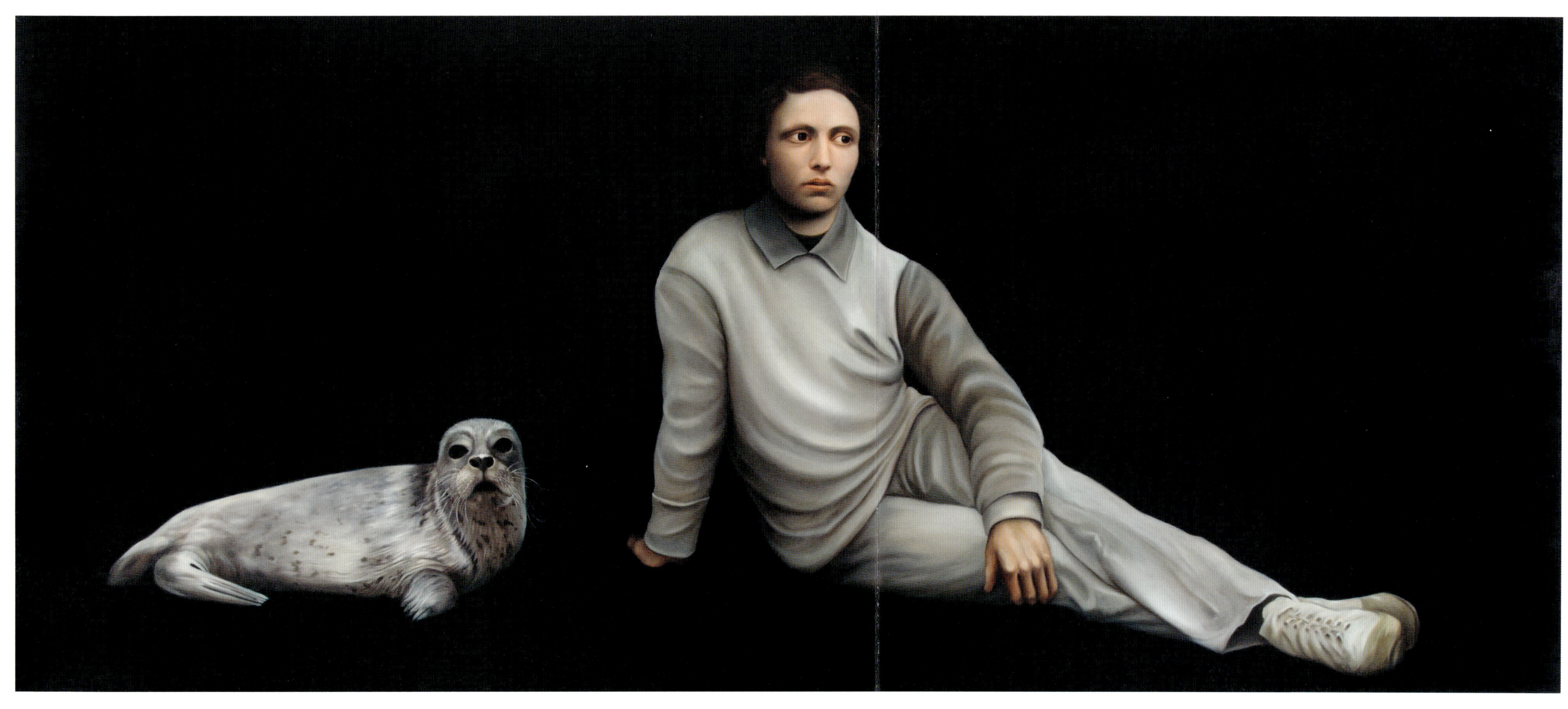

M.Z.H., 2015-16

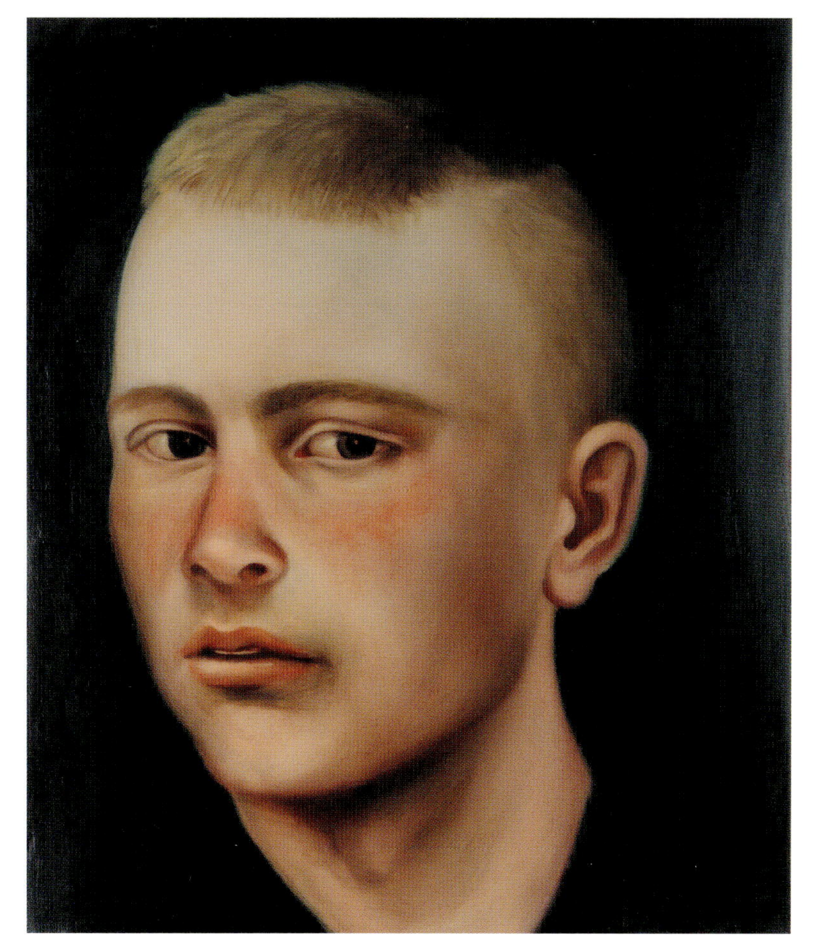

J.T.J., 2015-16

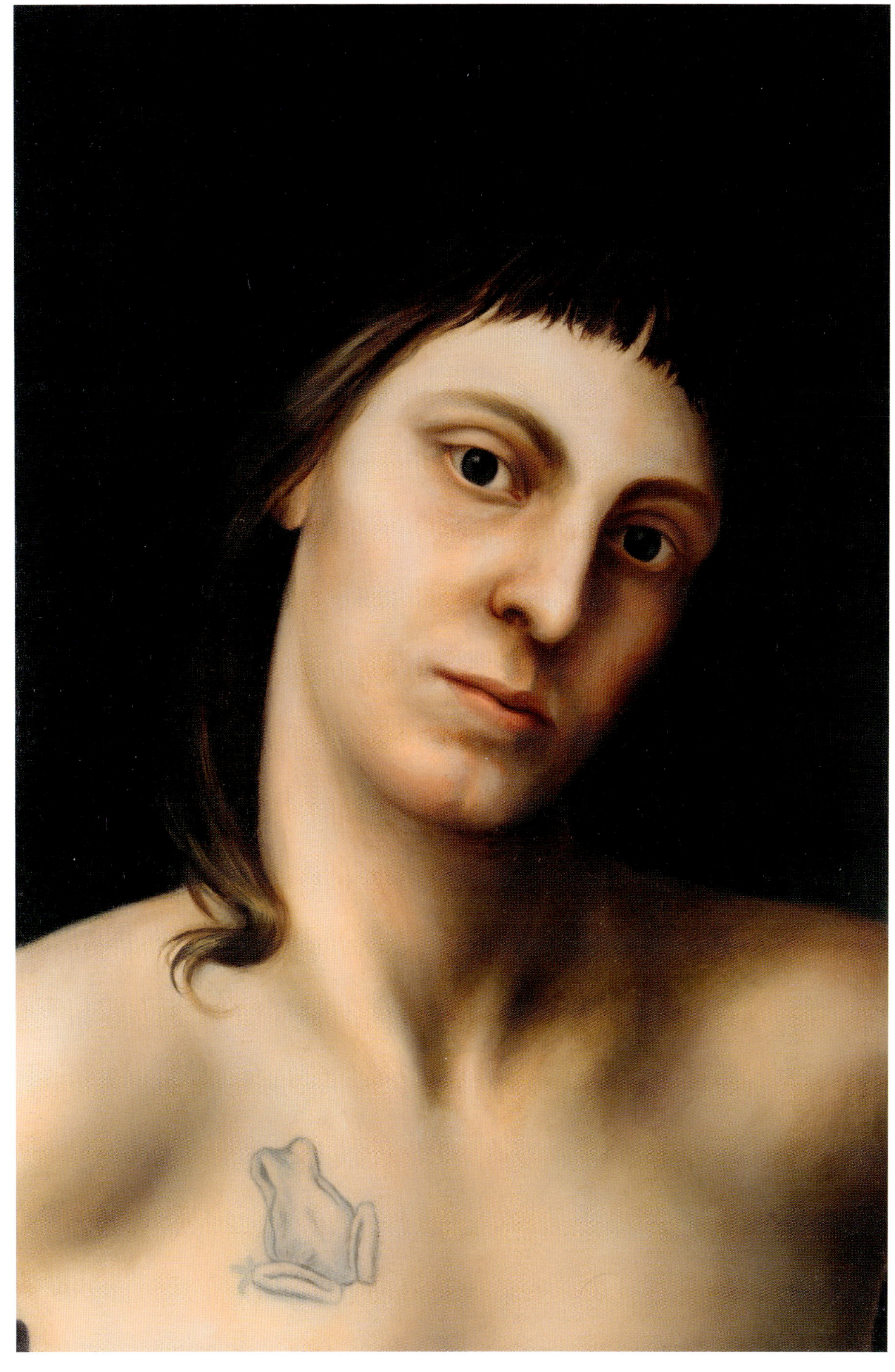

K.V., 2015-16

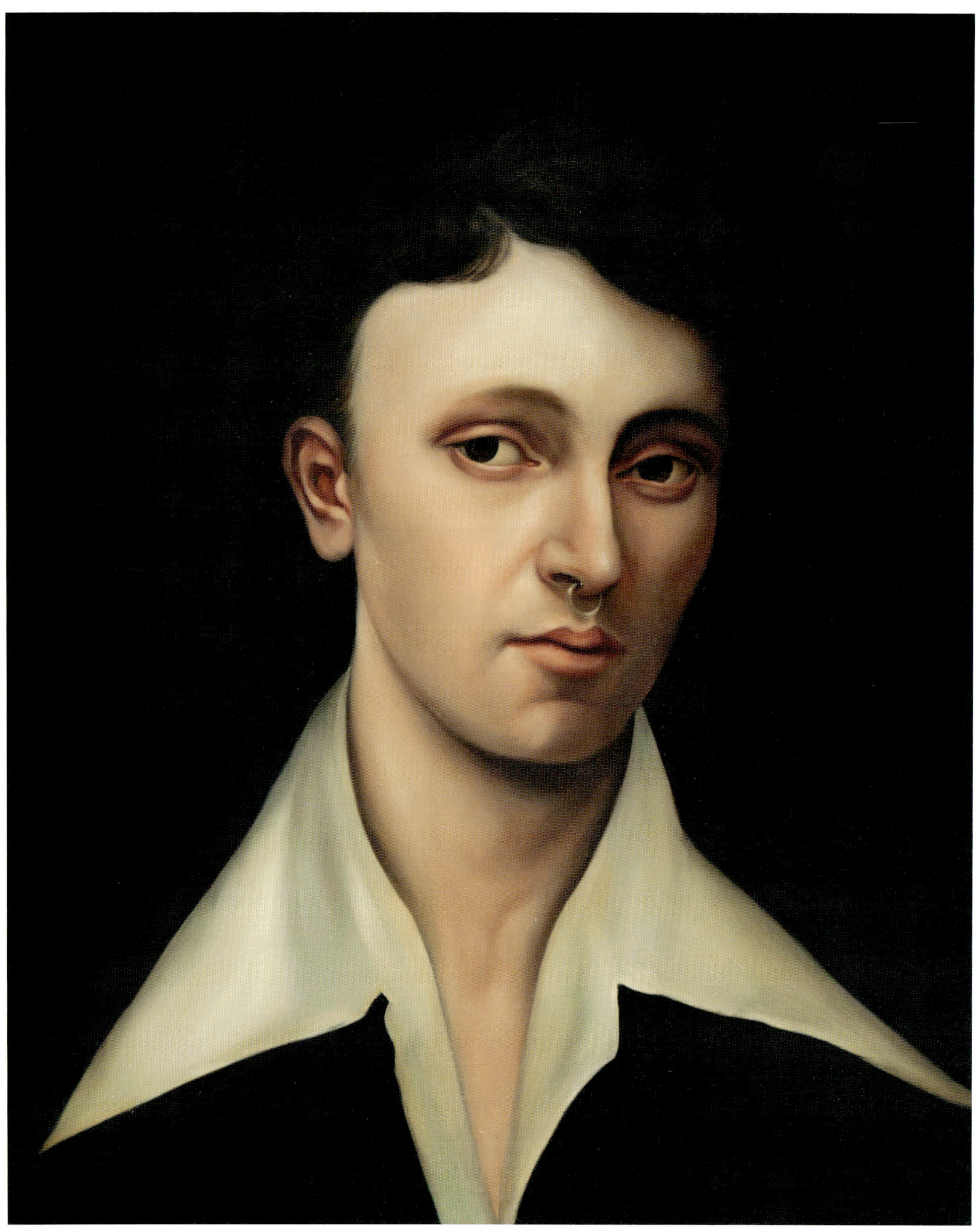

N.R., 2014

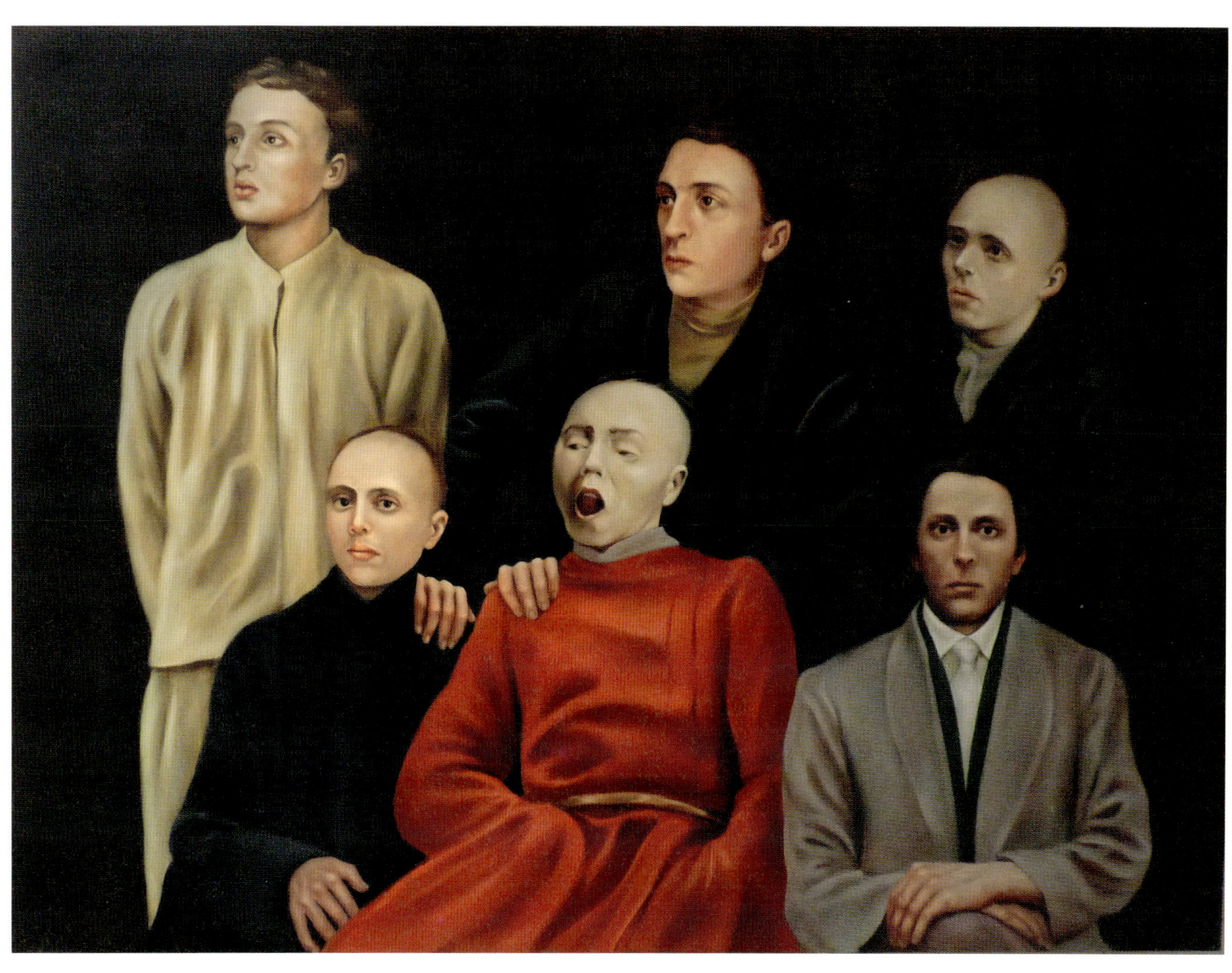

C.H.Z.E.R.S., 2013

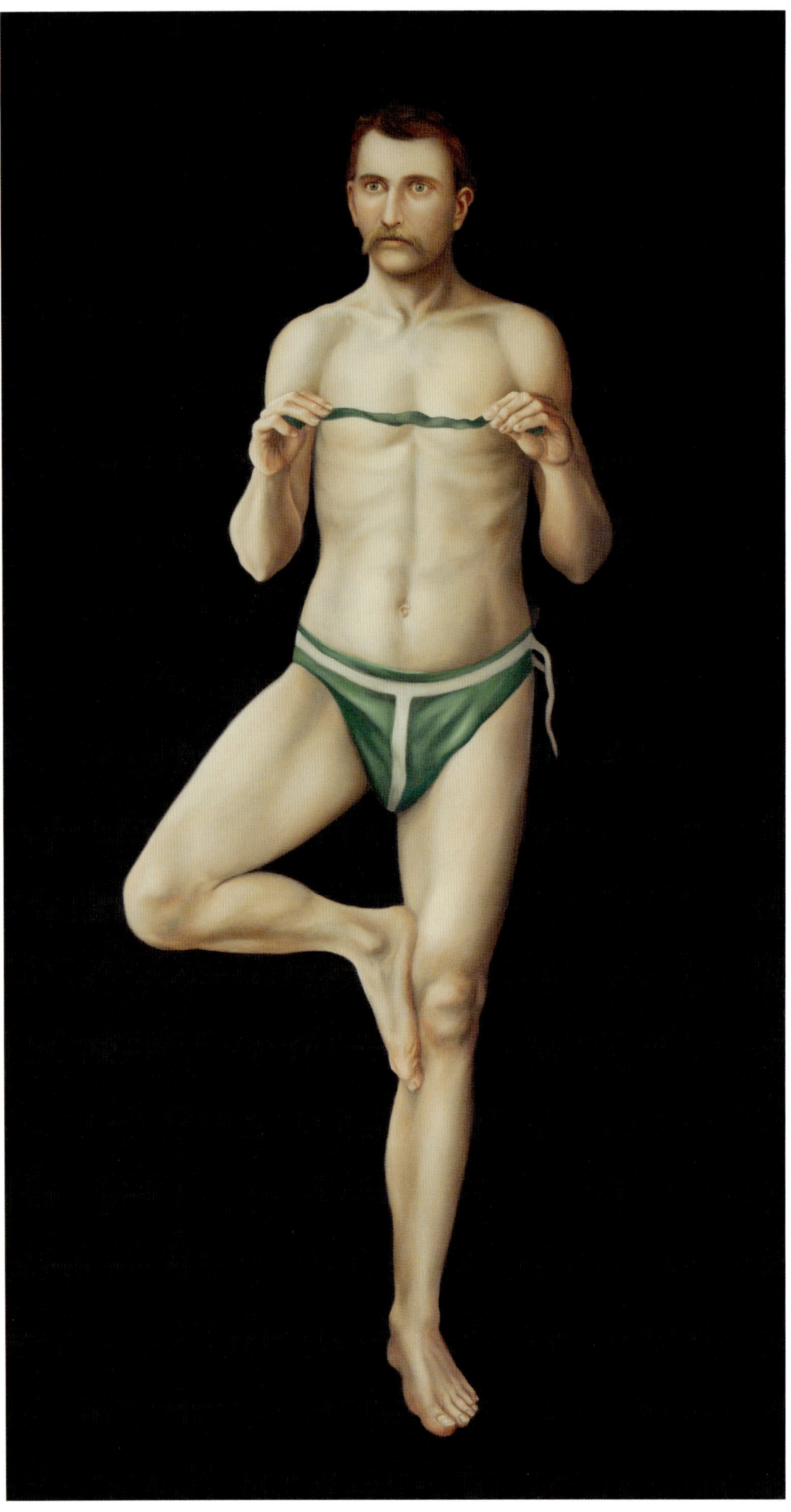

E.B., 2015

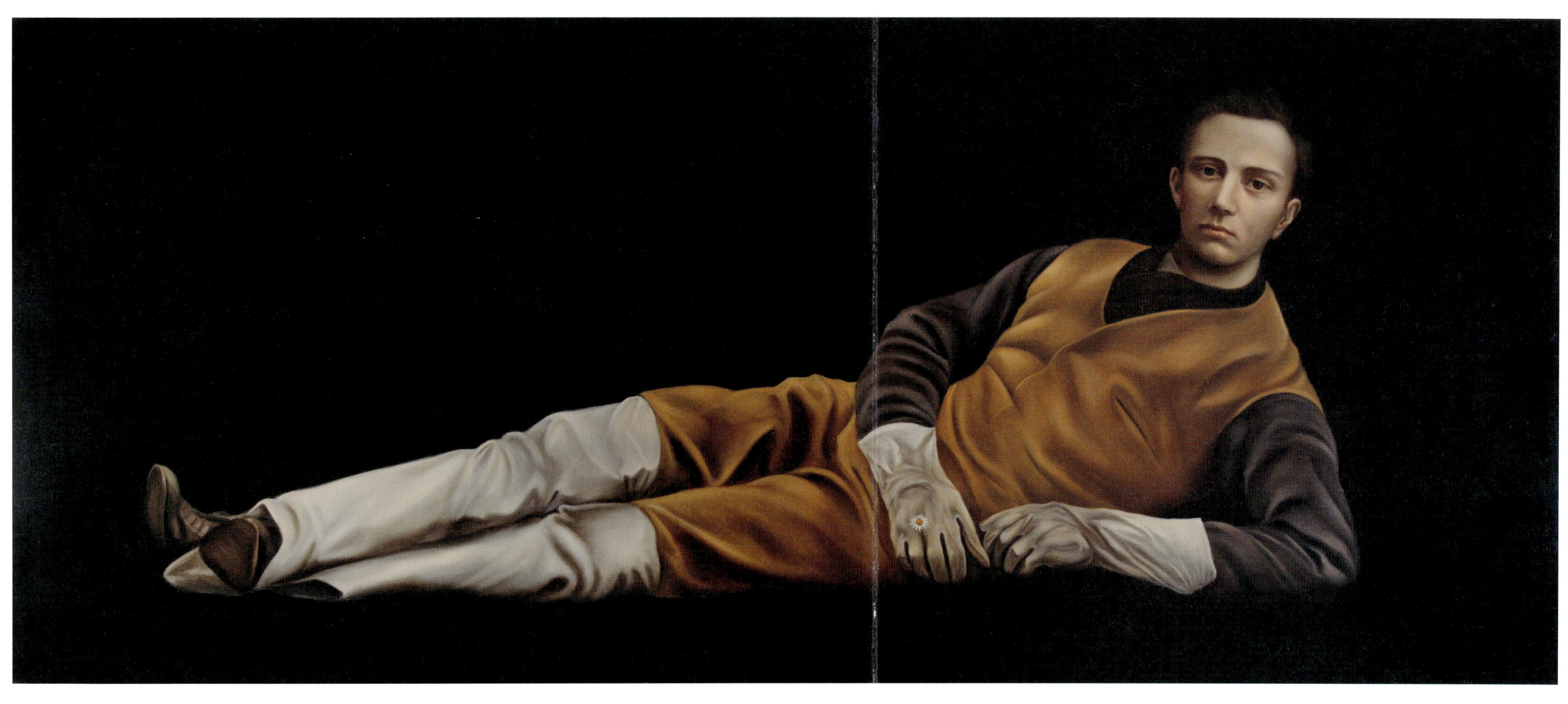

M.D.L., 2015-16

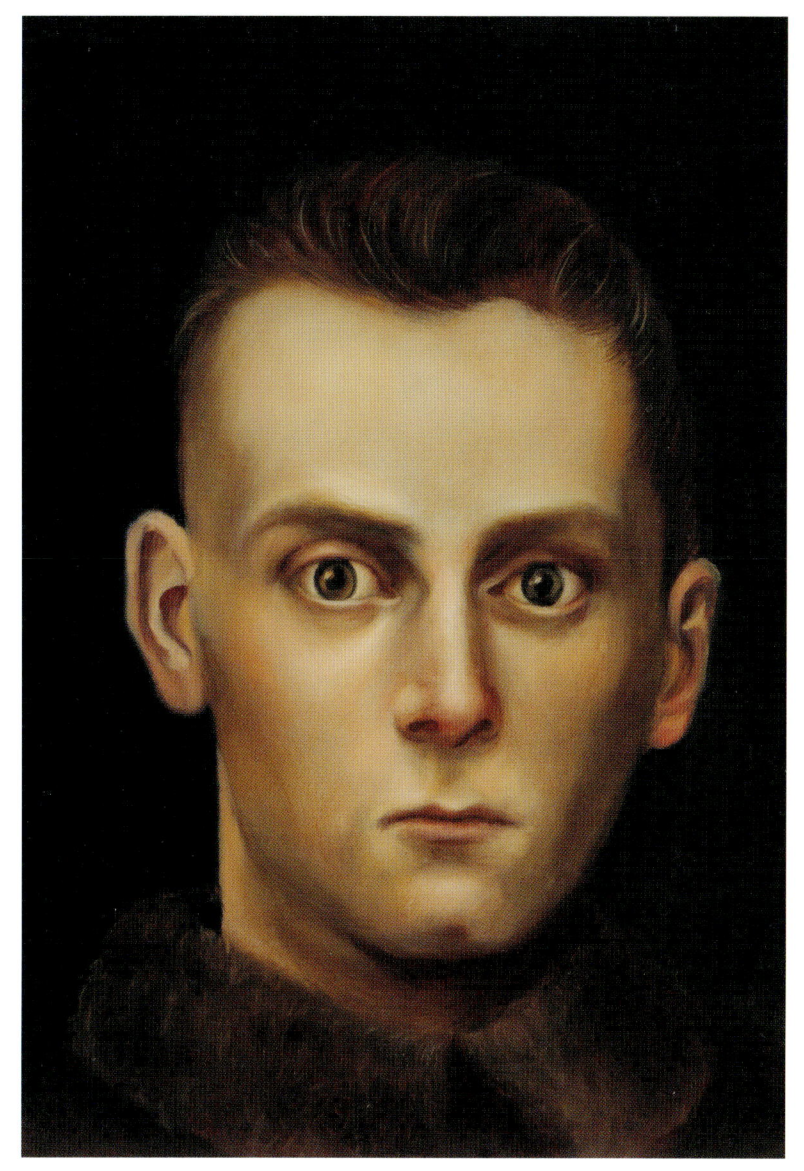

T.Q., 2015

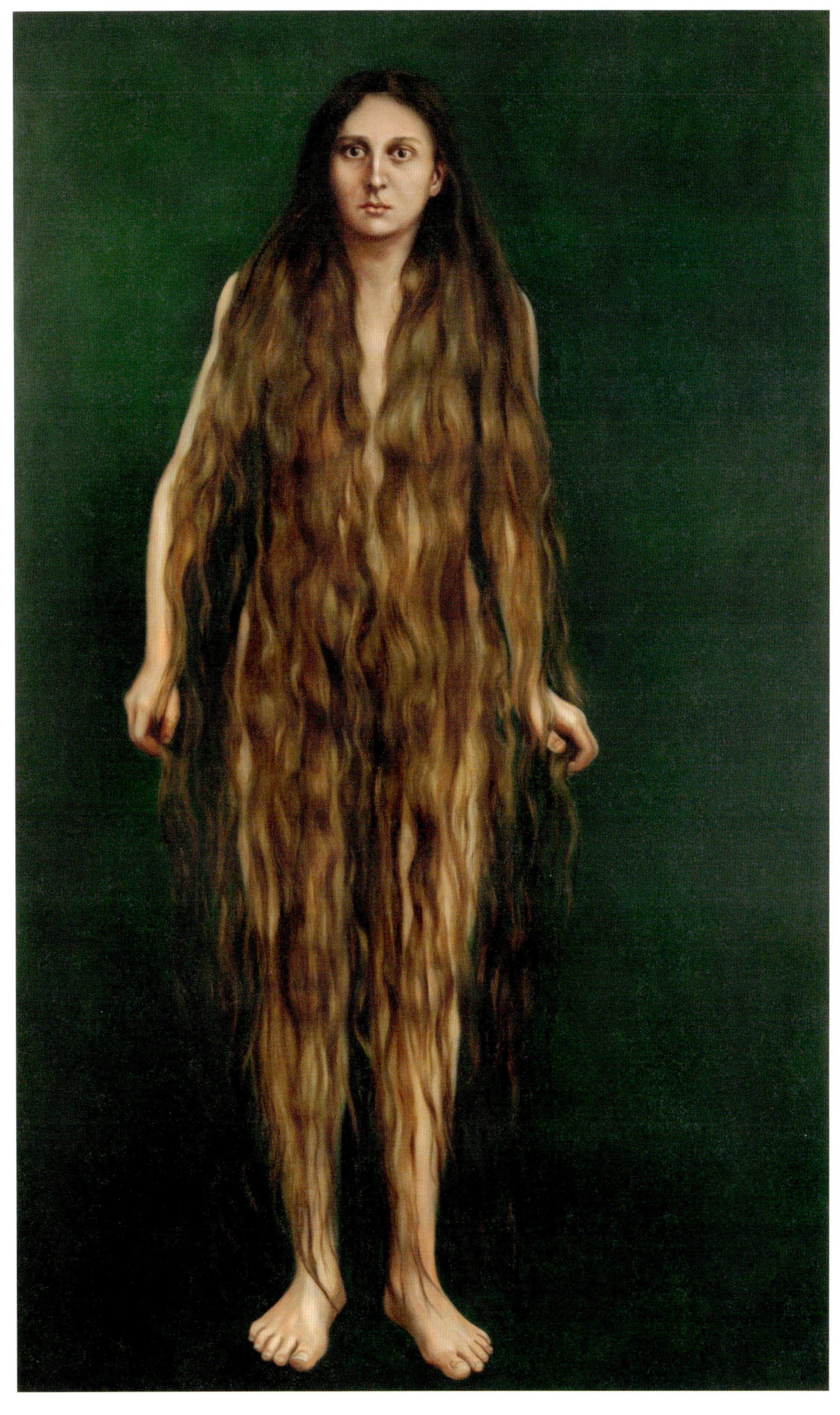

H.L.H., 2014

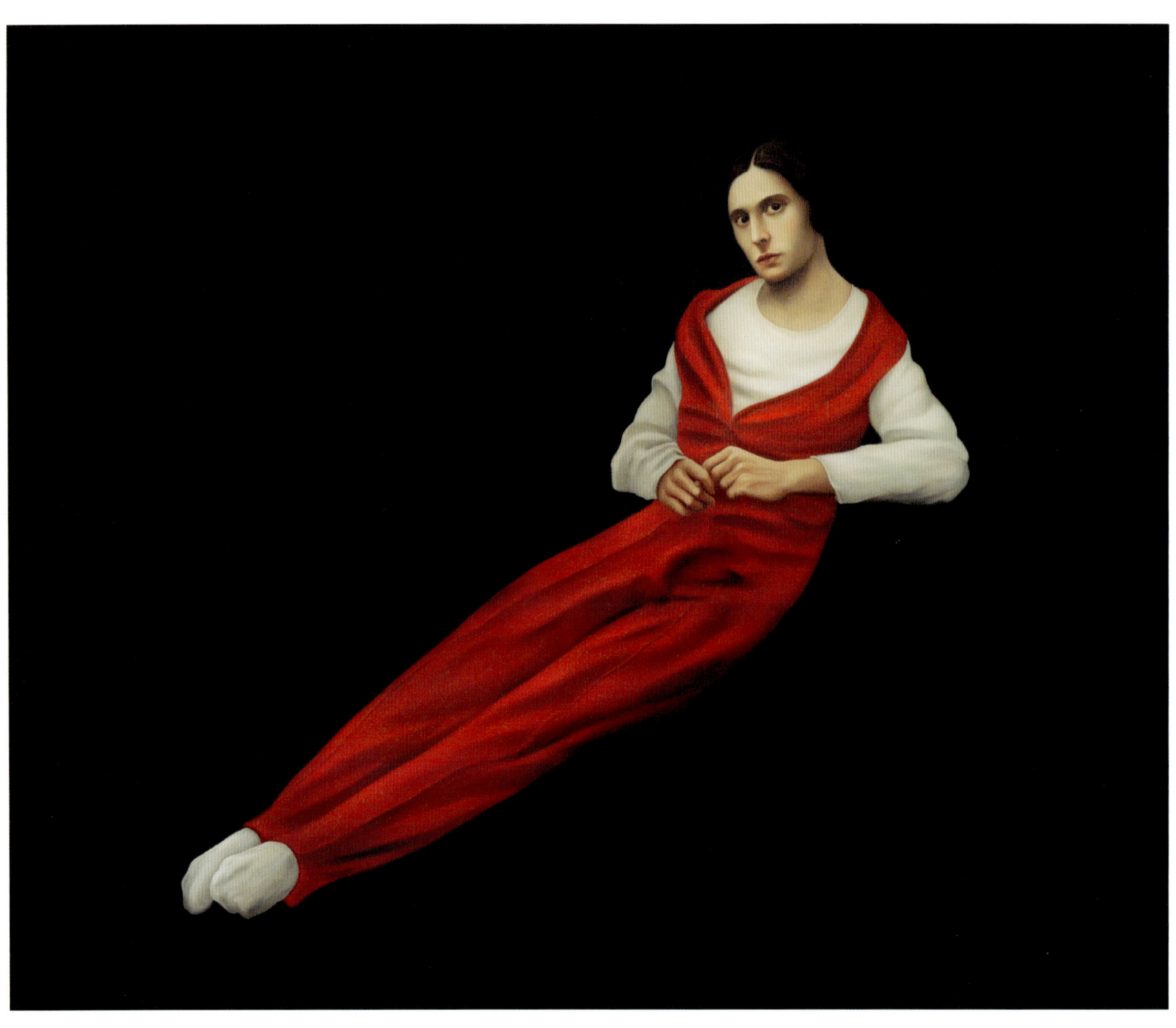

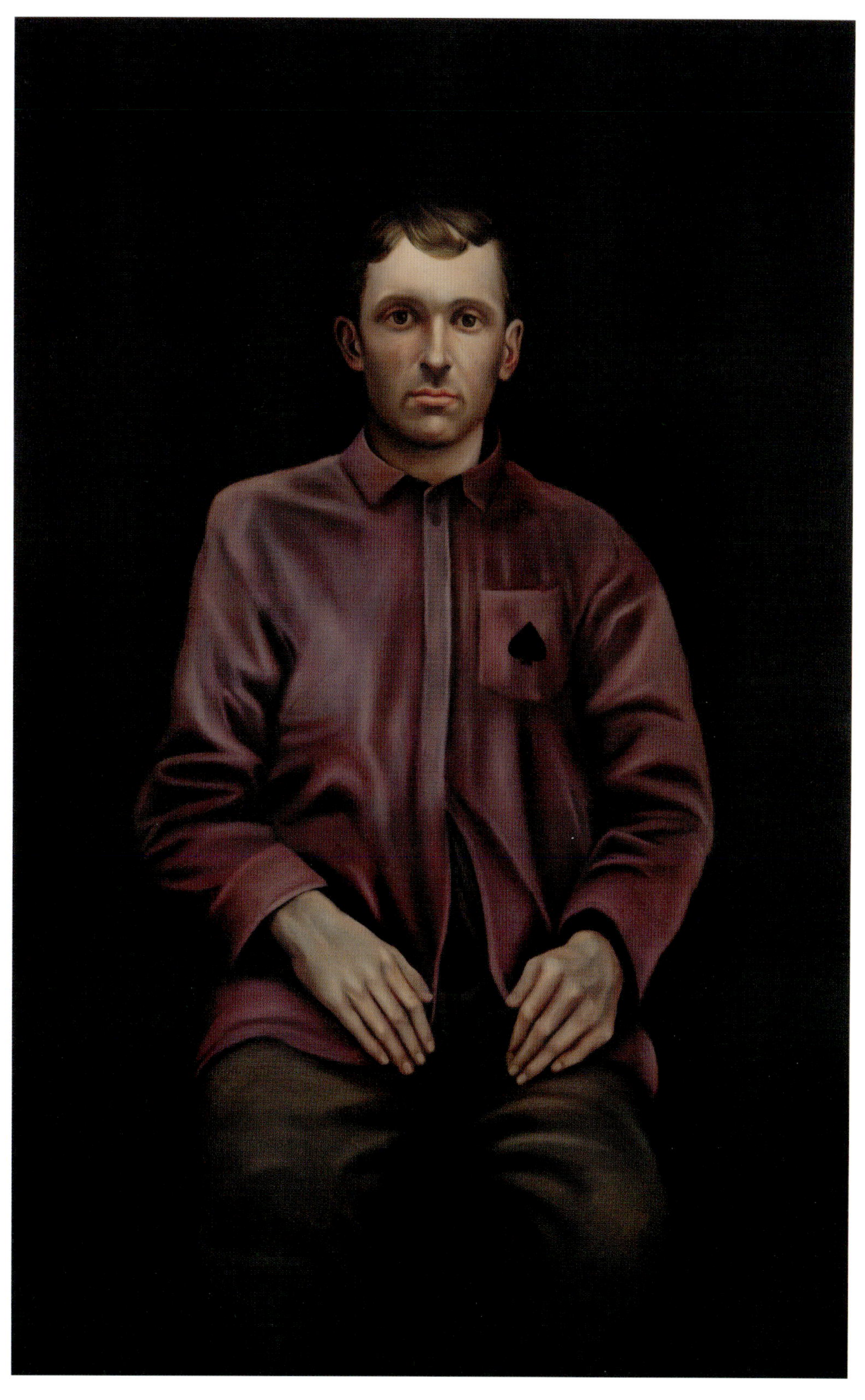

S.B., 2016

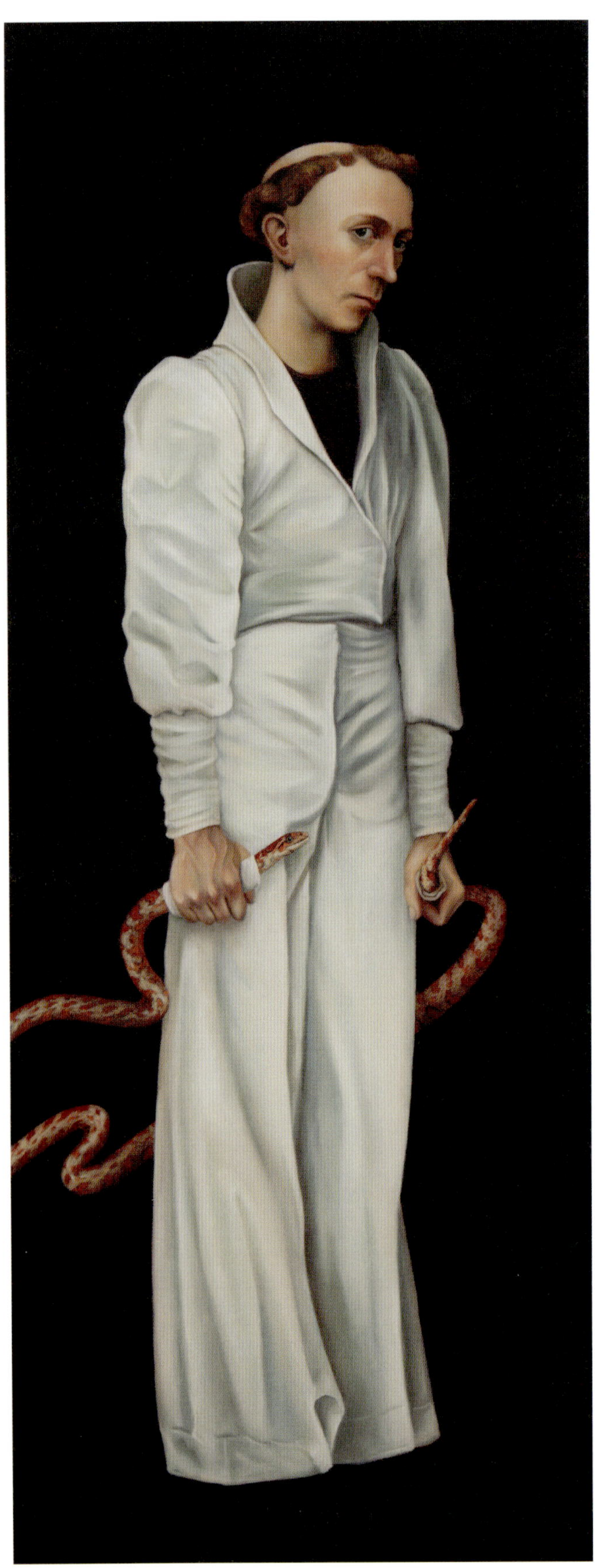

P.T.S., 2016

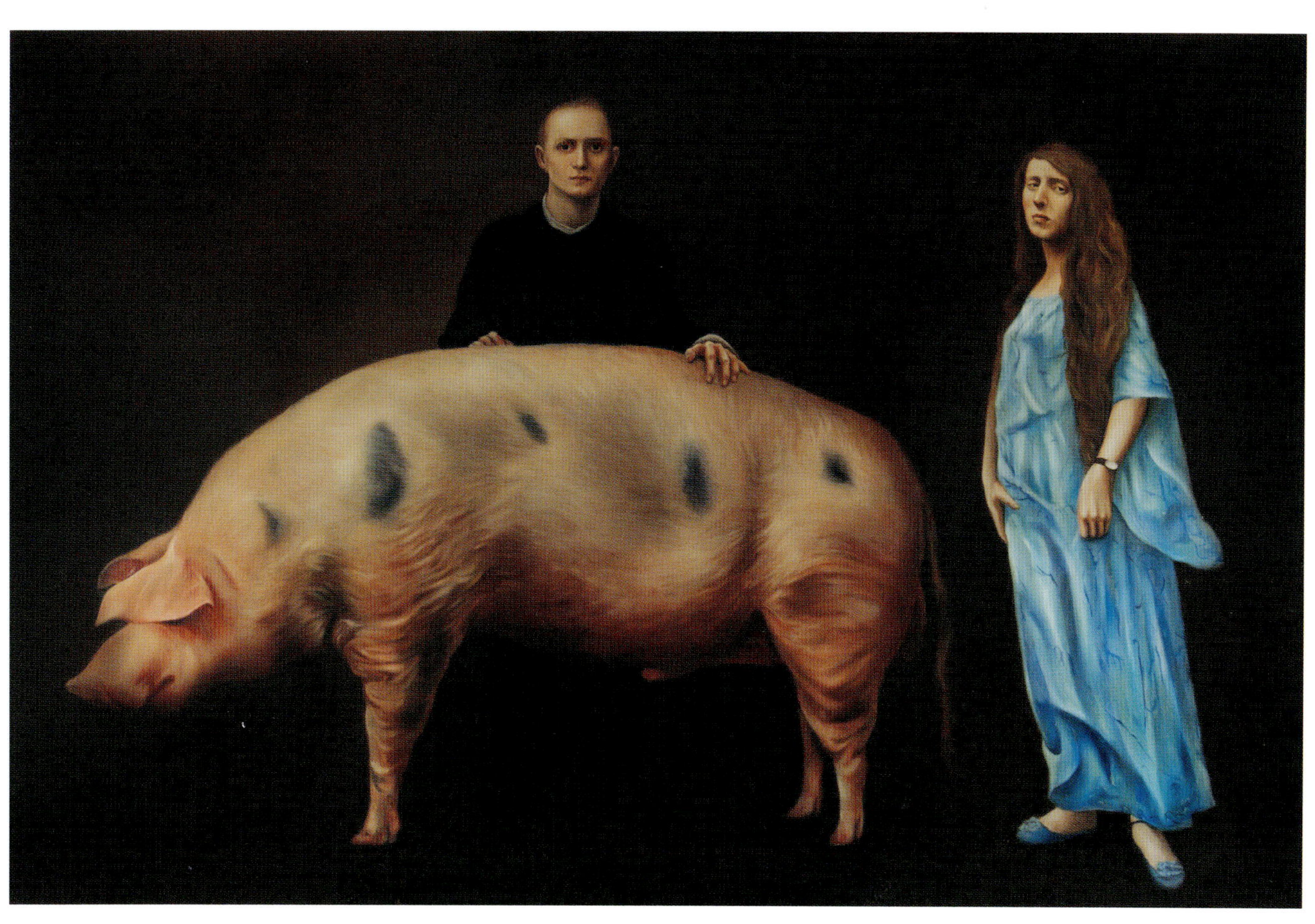

V.K.S., 2015

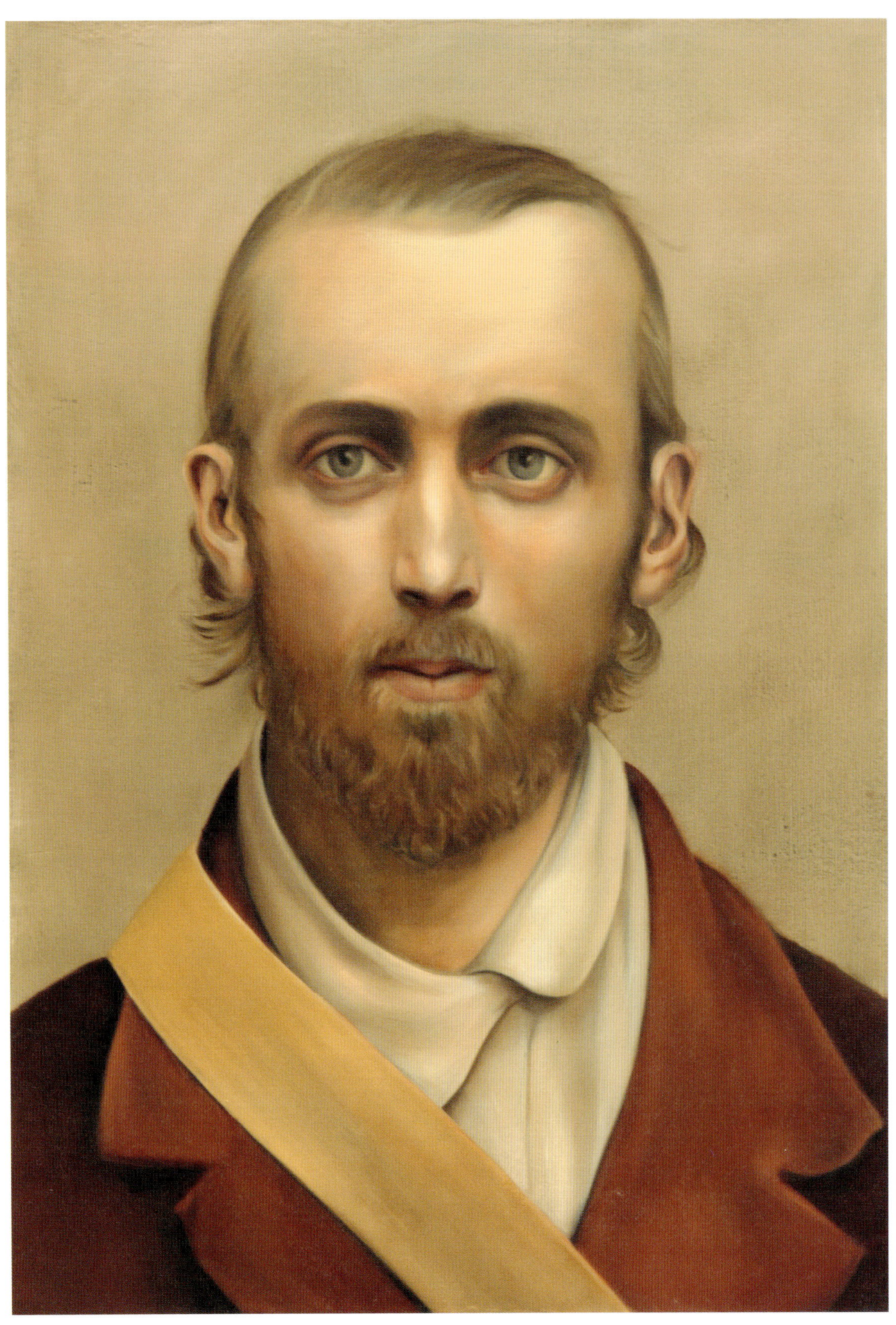

R.M., 2014

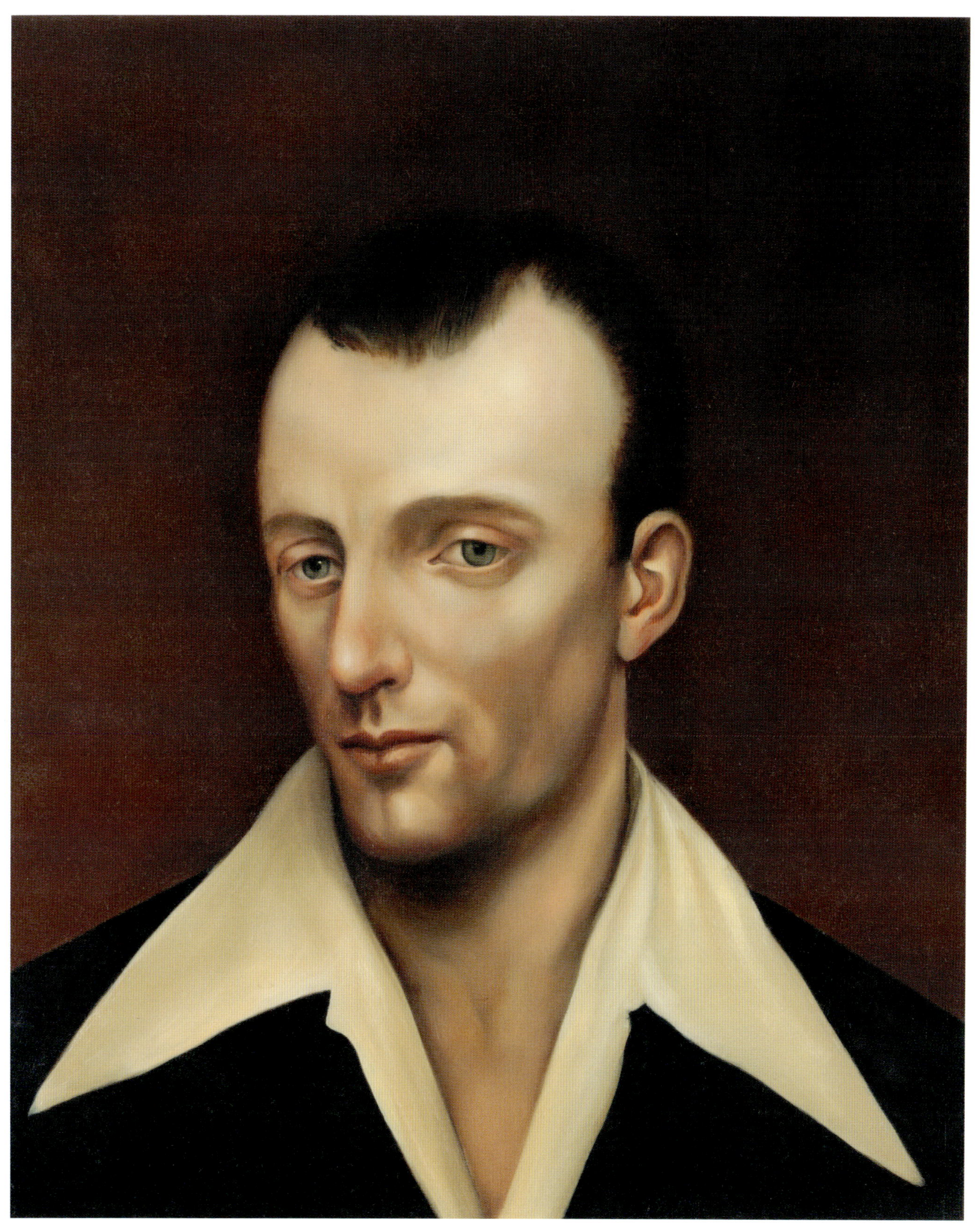

G.R., 2014

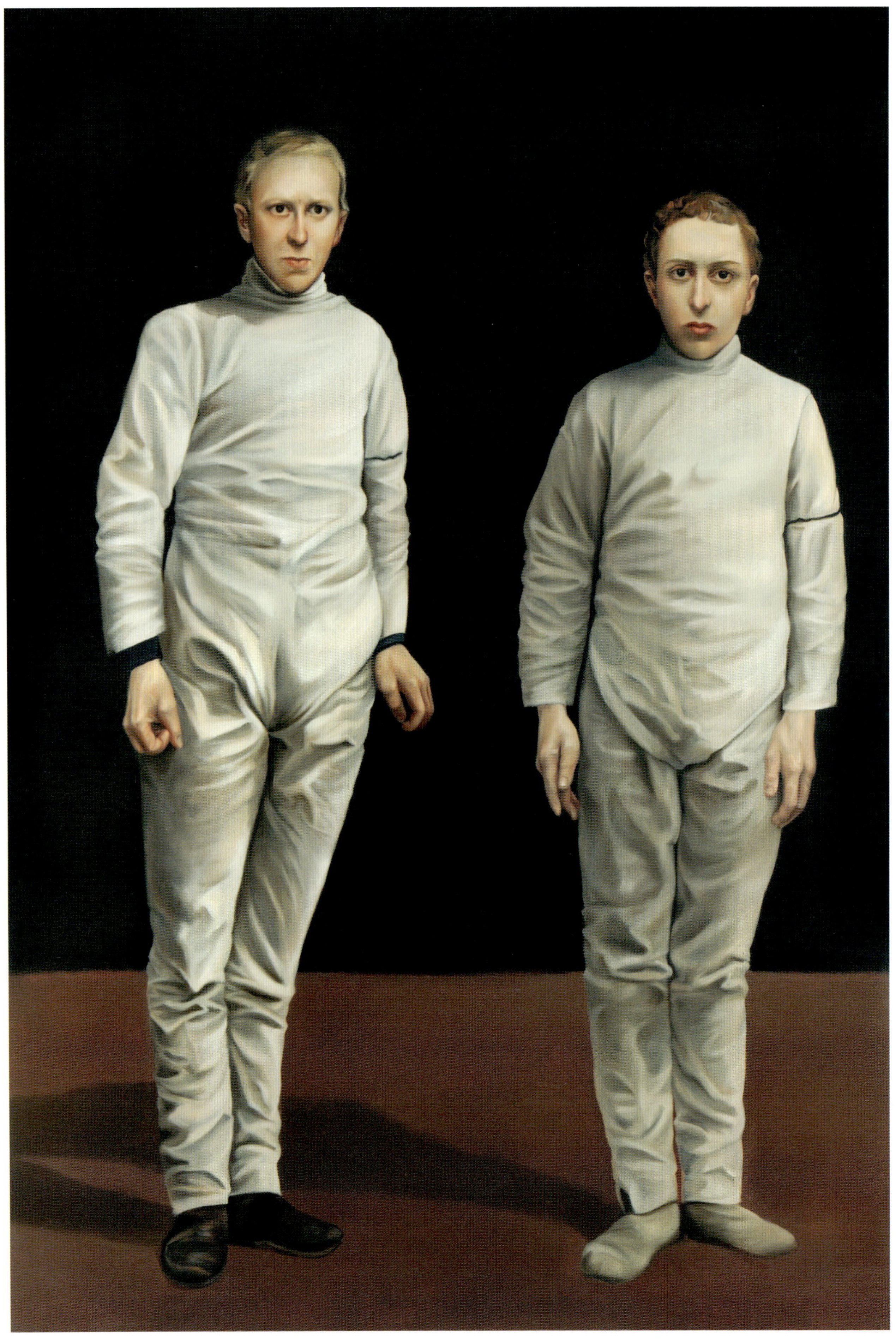

A.P.K., 2014

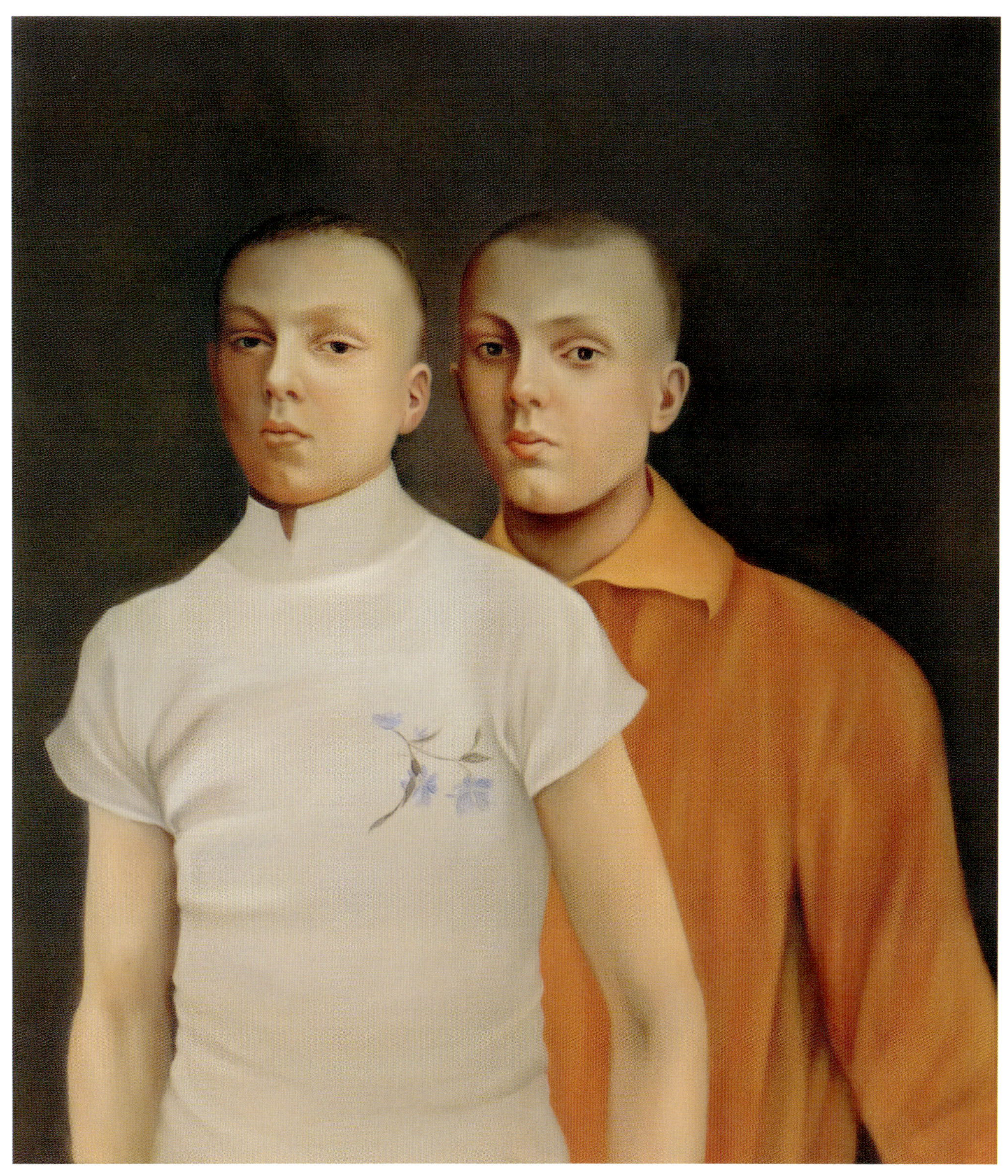

T.W., 2013

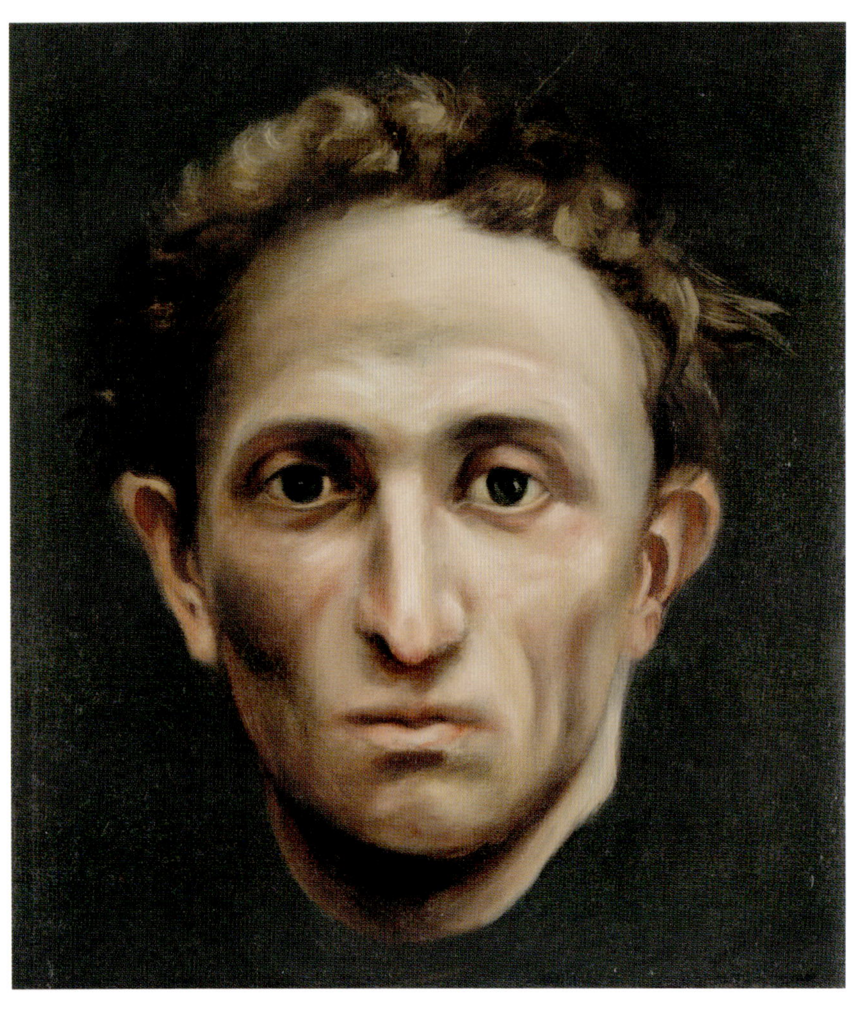

L.K., 2015-16

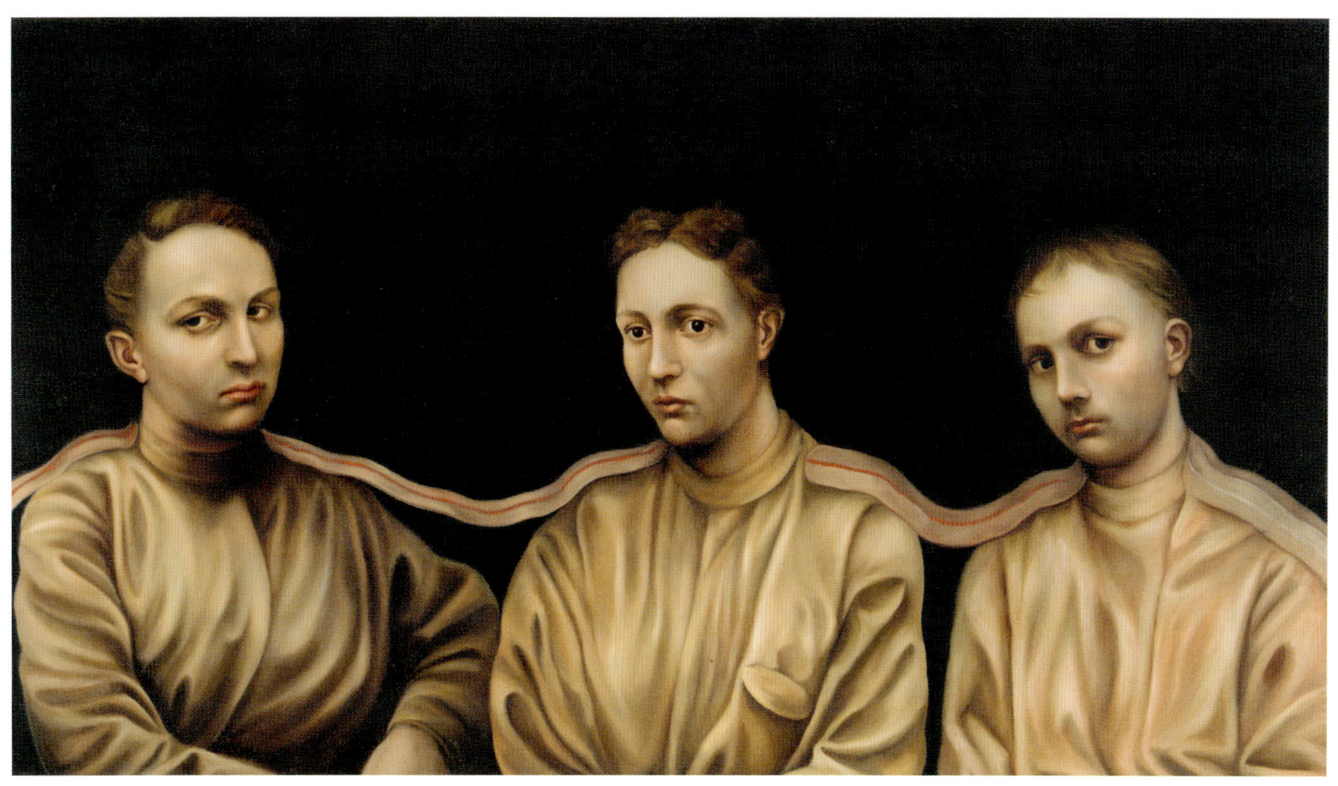

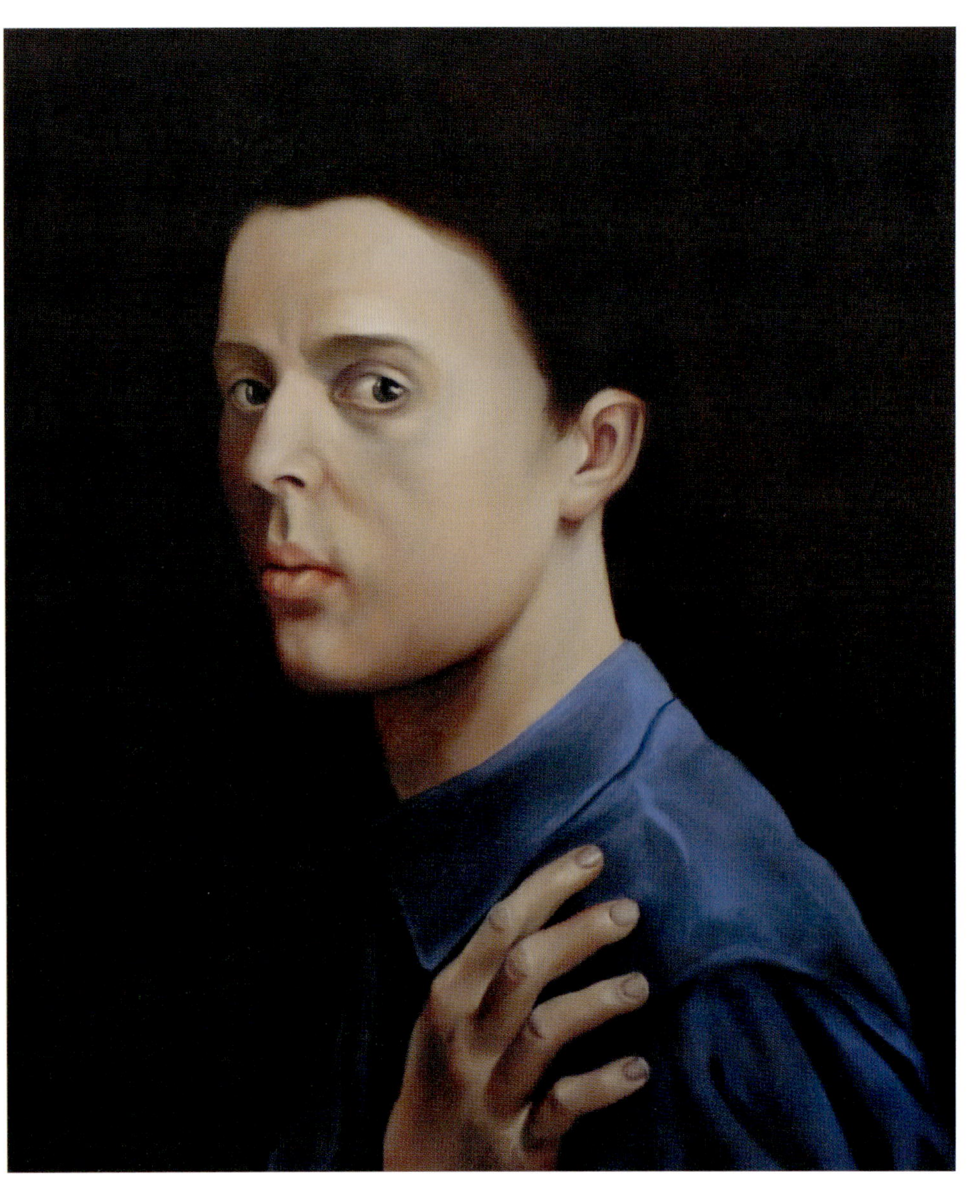

A.M., 2013

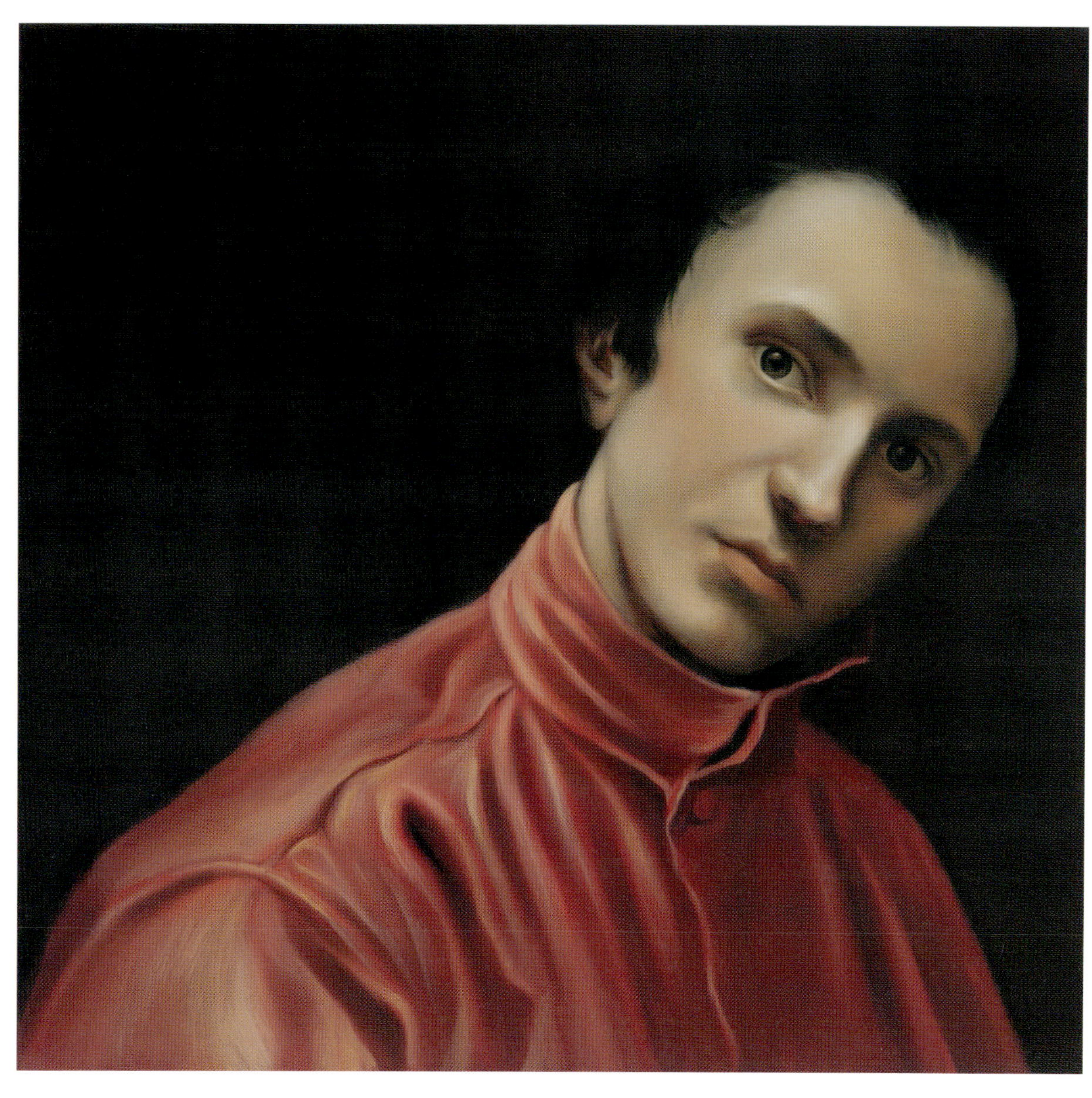

S.C.K., 2013

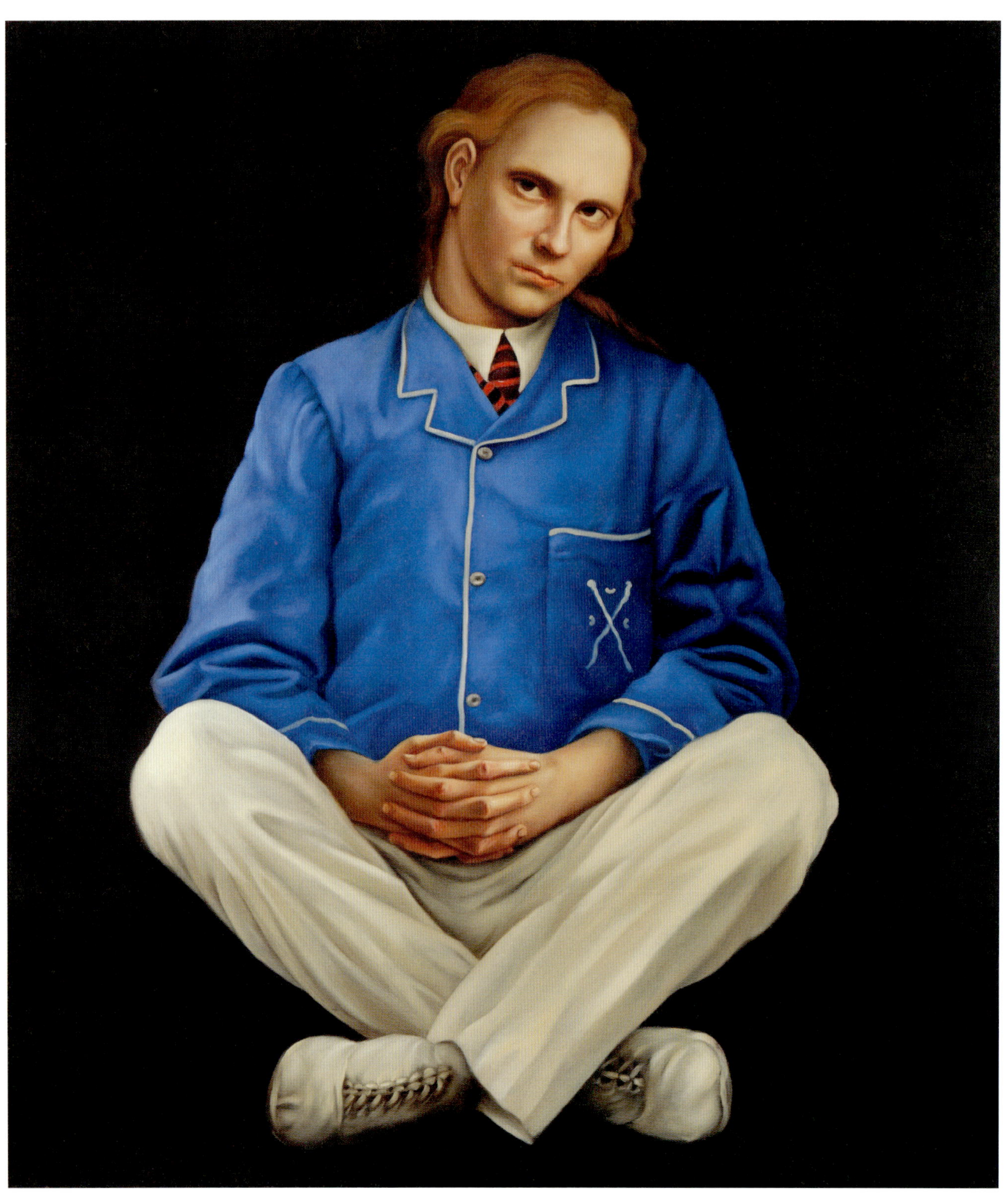

K.N.Z., 2015

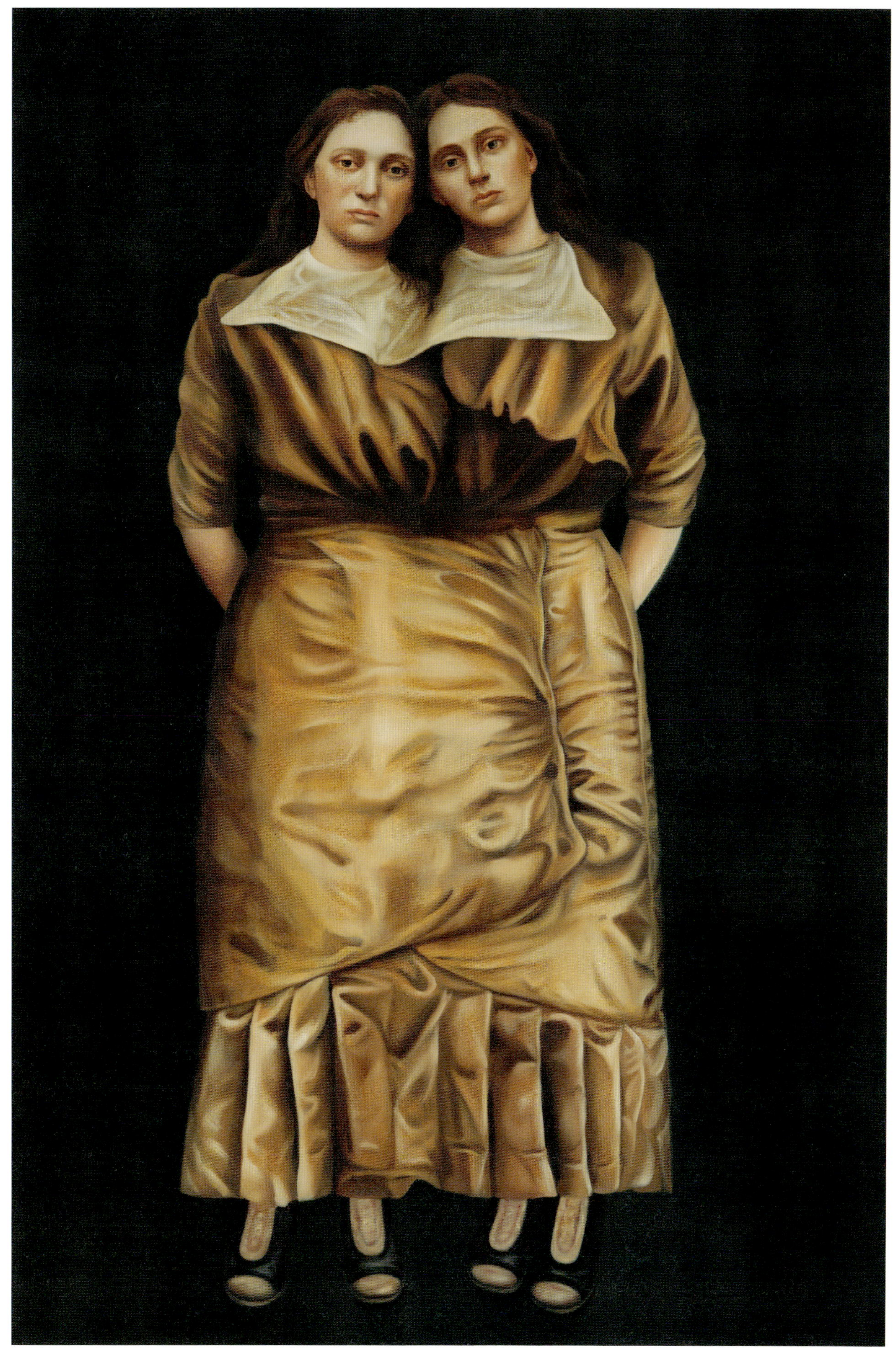

I.A.M., 2015

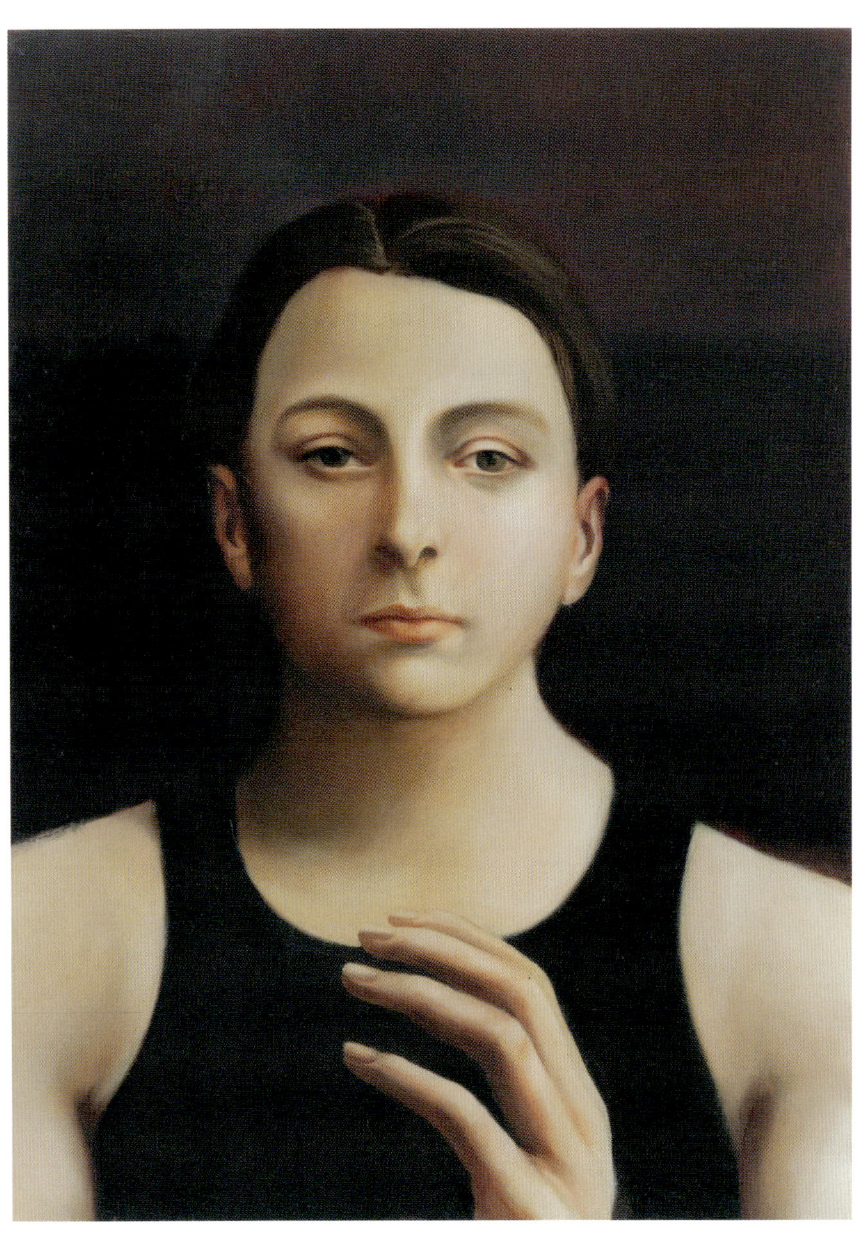

H.B.H., 2012

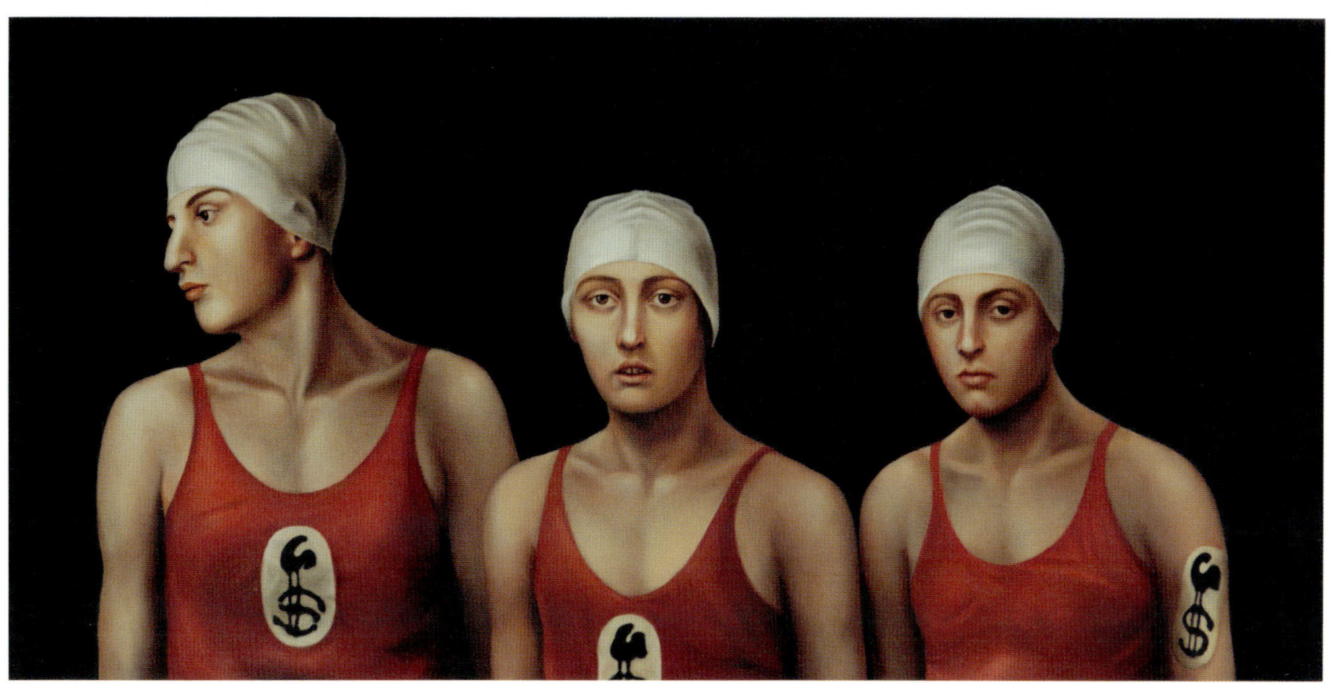

B.M.T., 2015

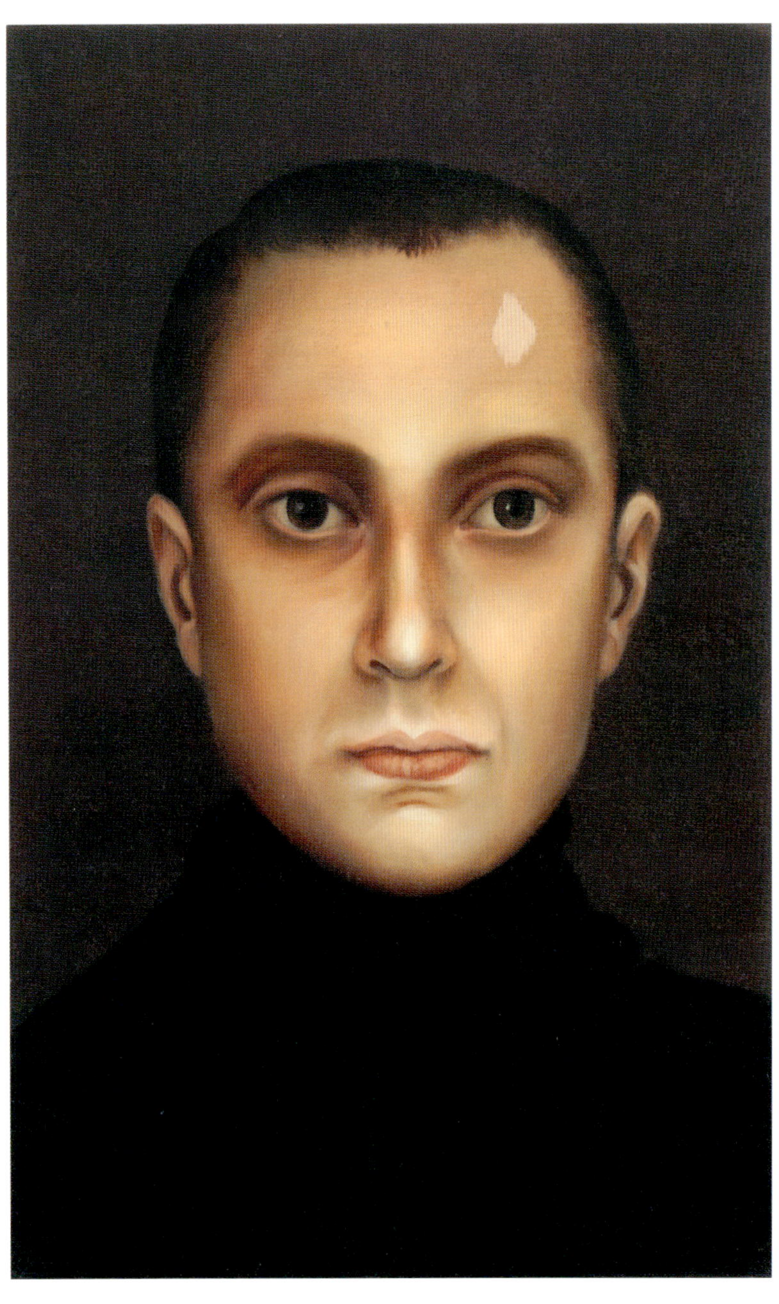

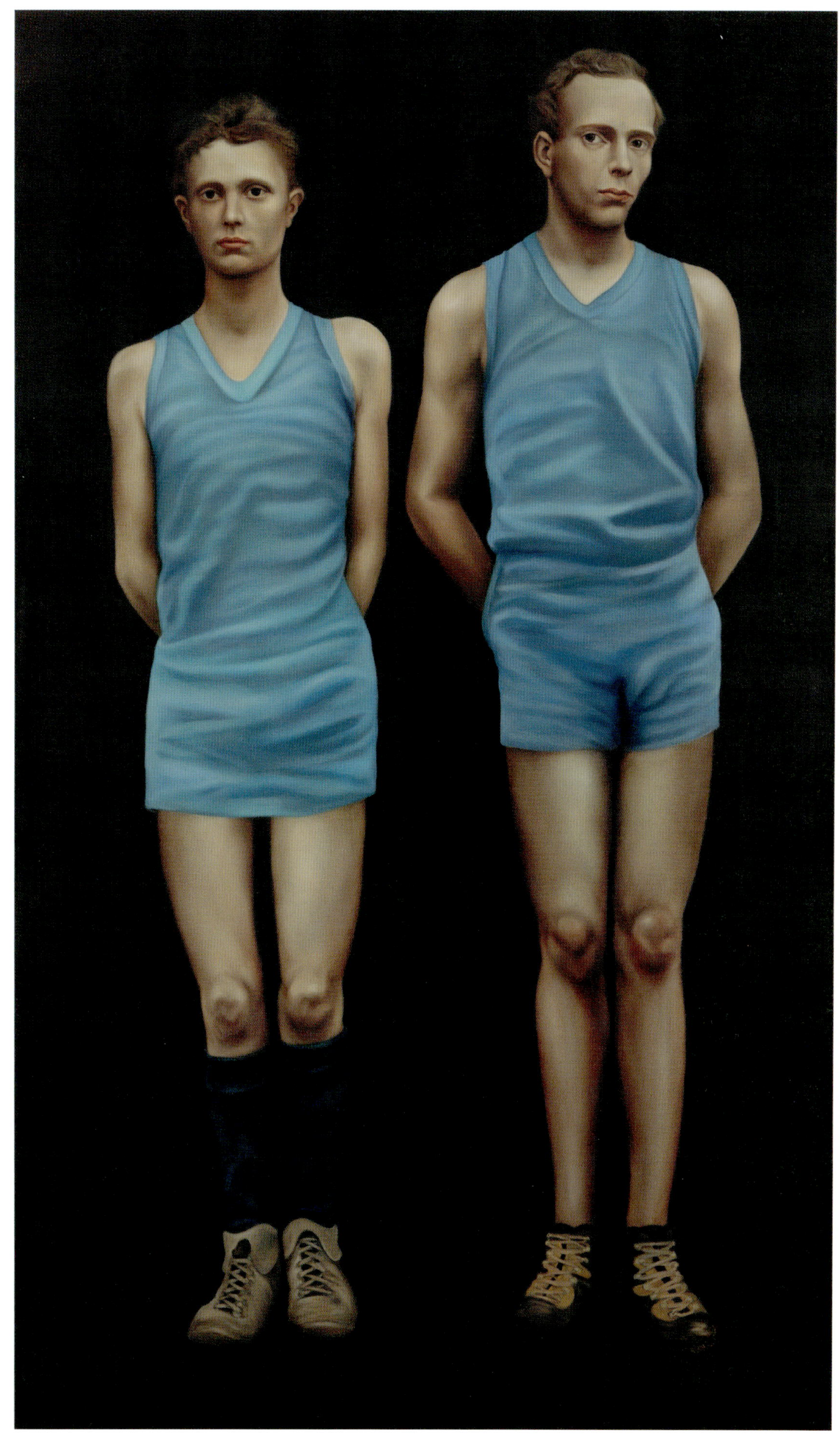

U.O., 2016

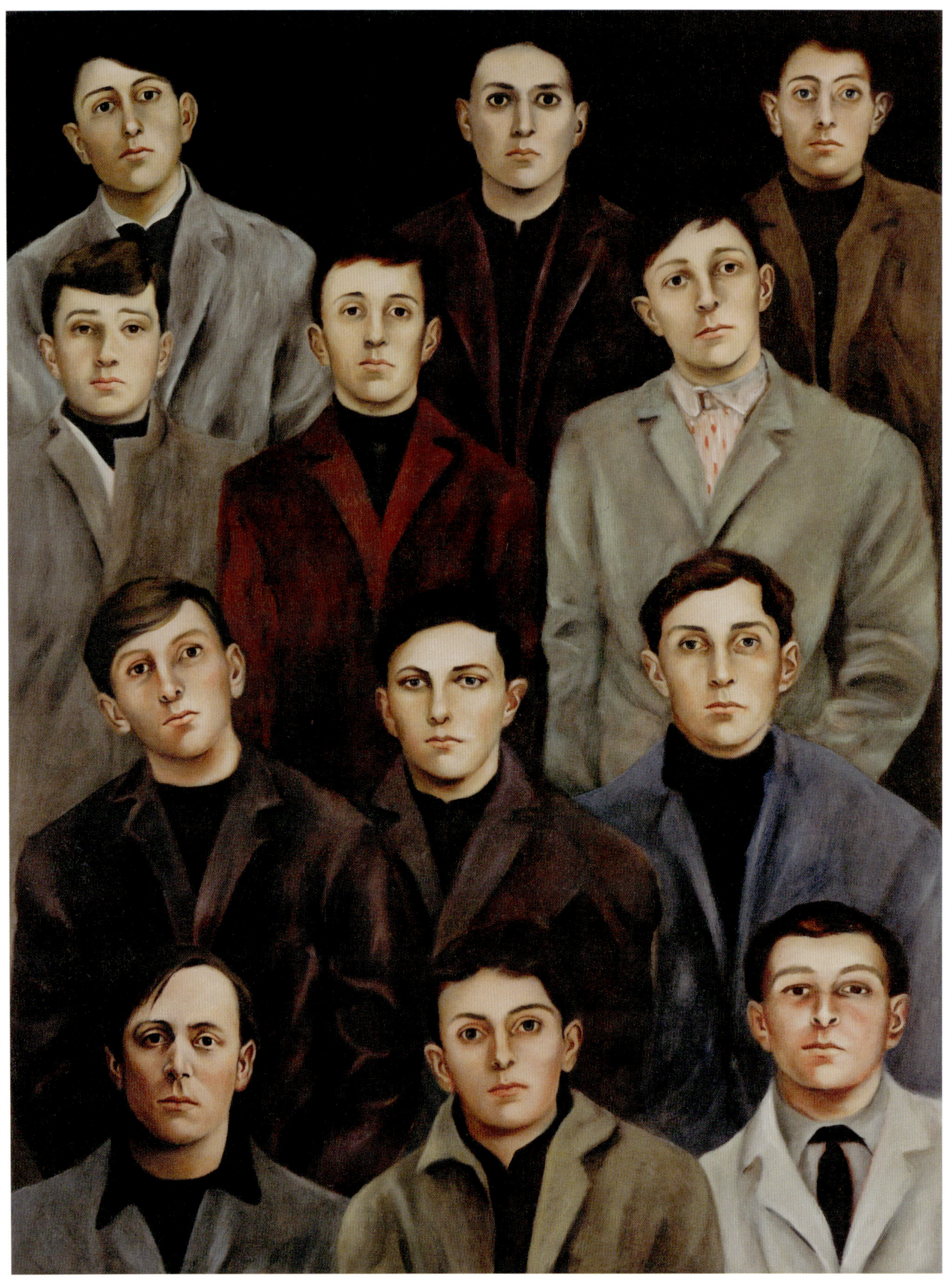

T.W.A.A.L.F., 2012

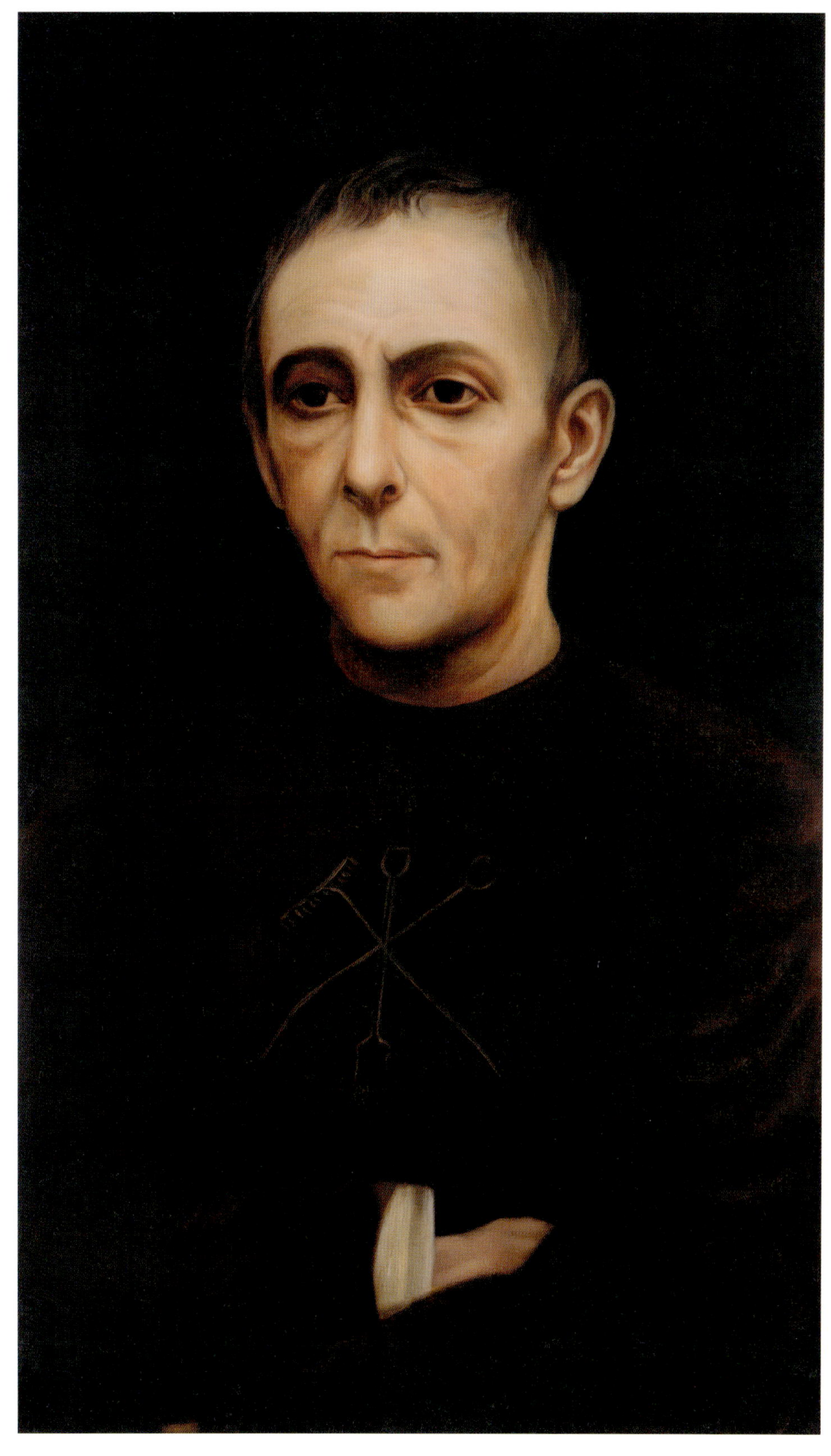

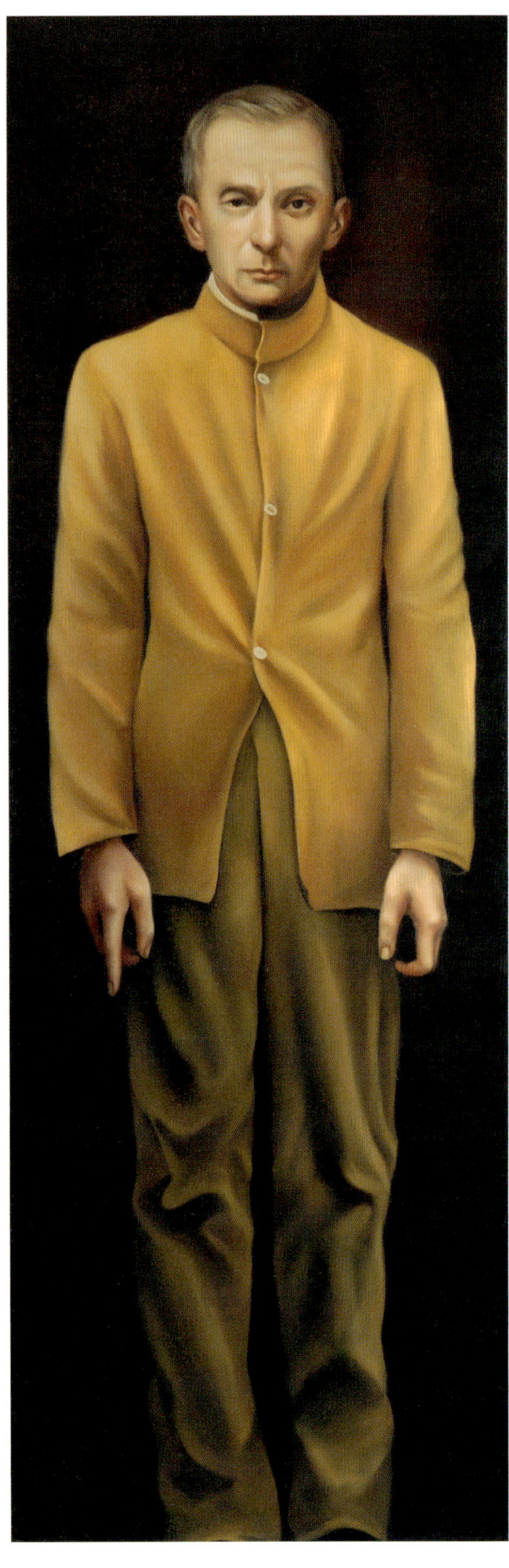

W.V., 2014

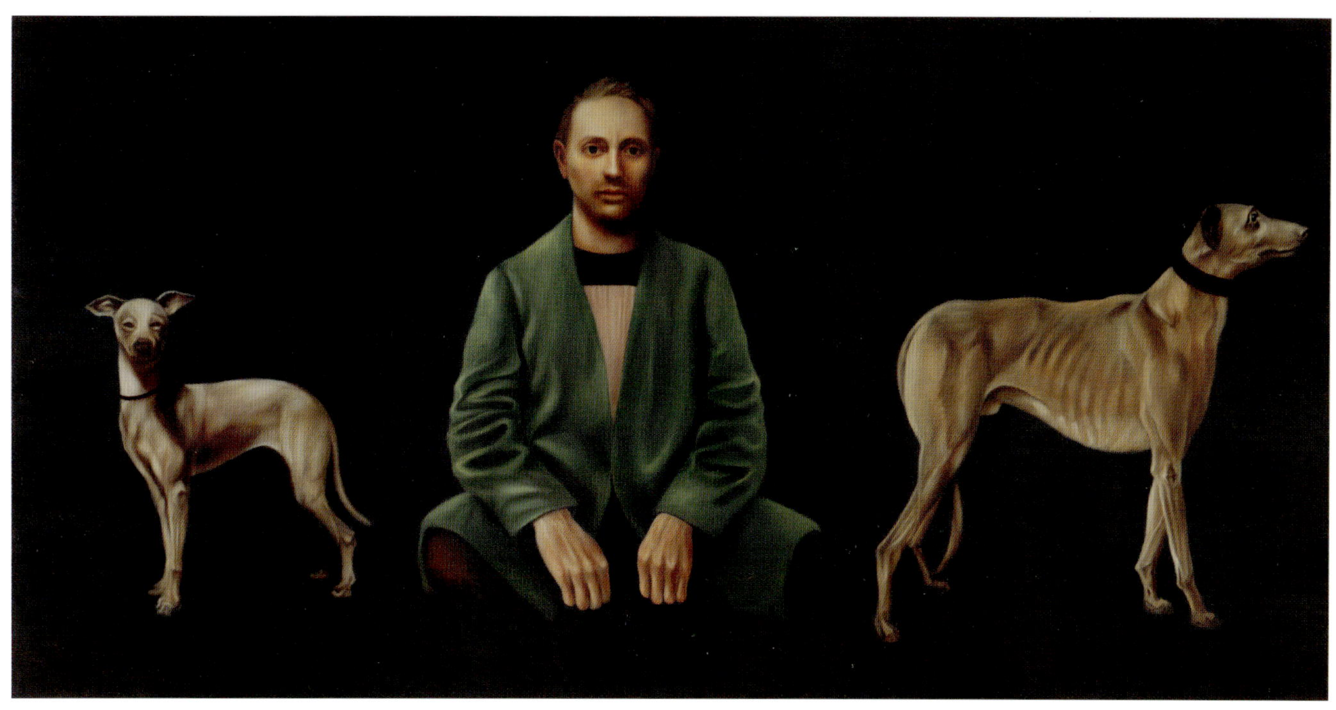

G.U.K., 2015

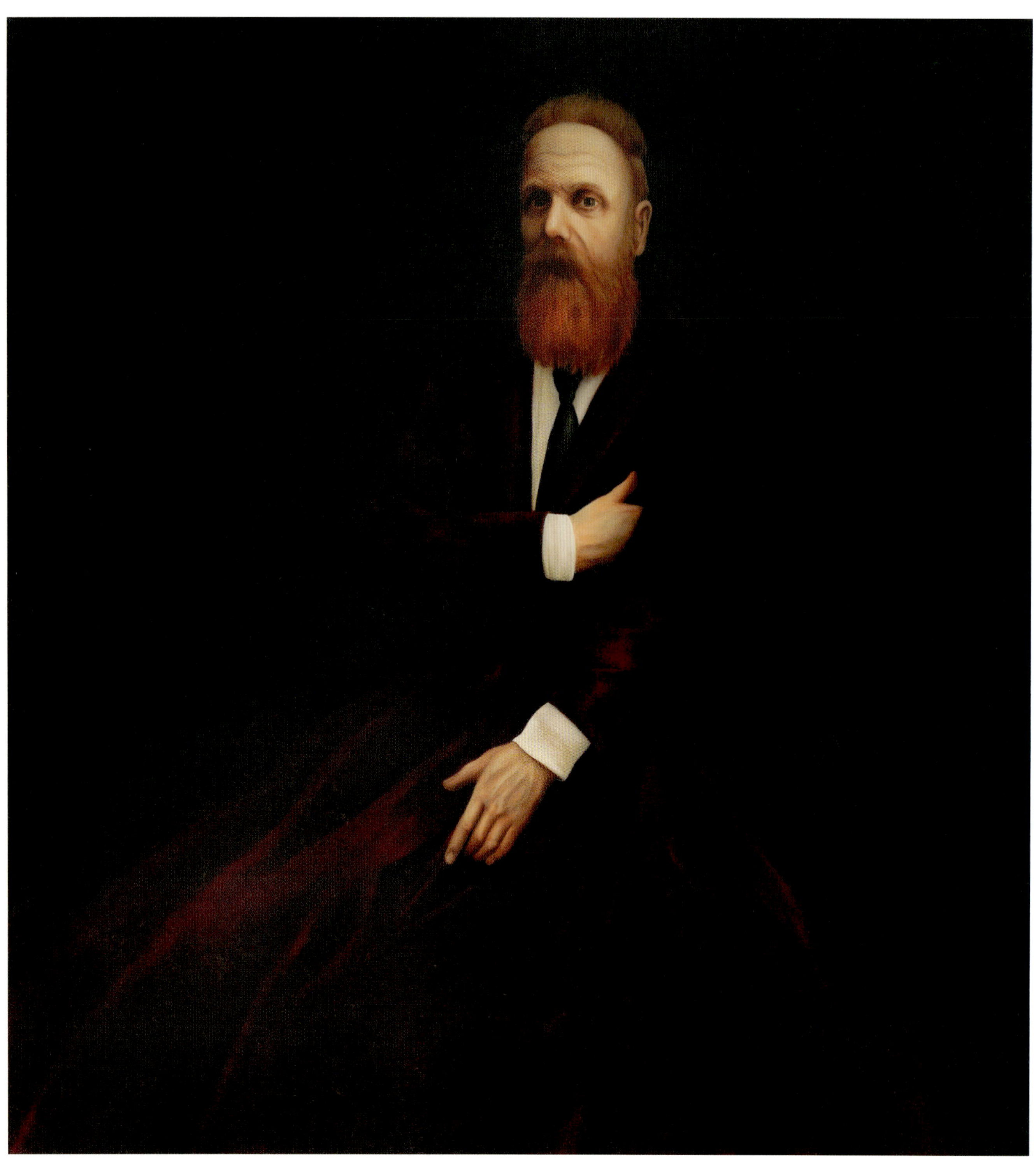

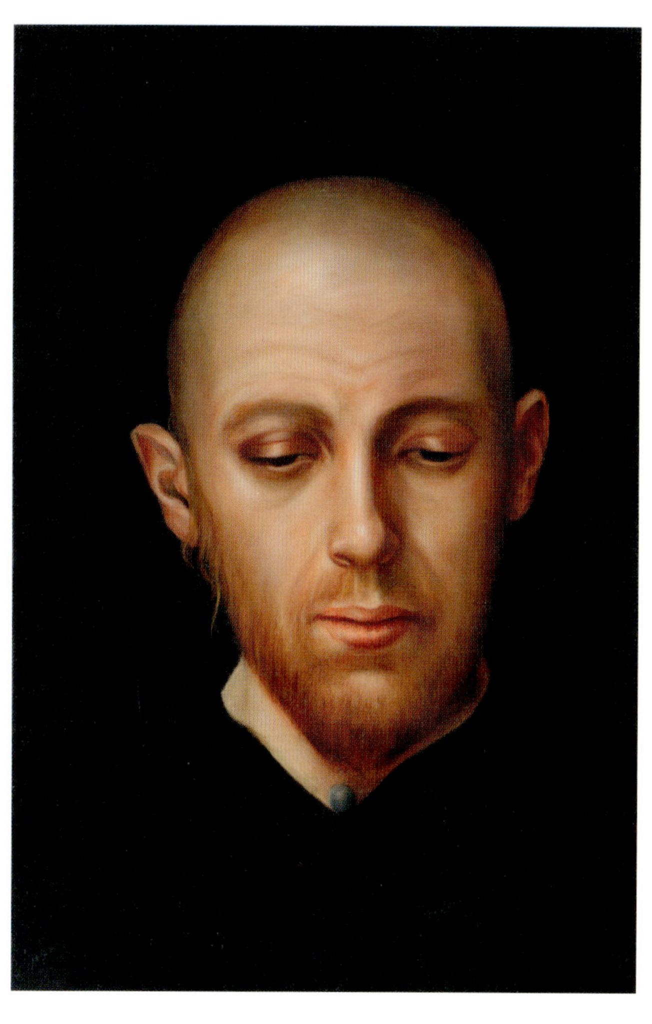

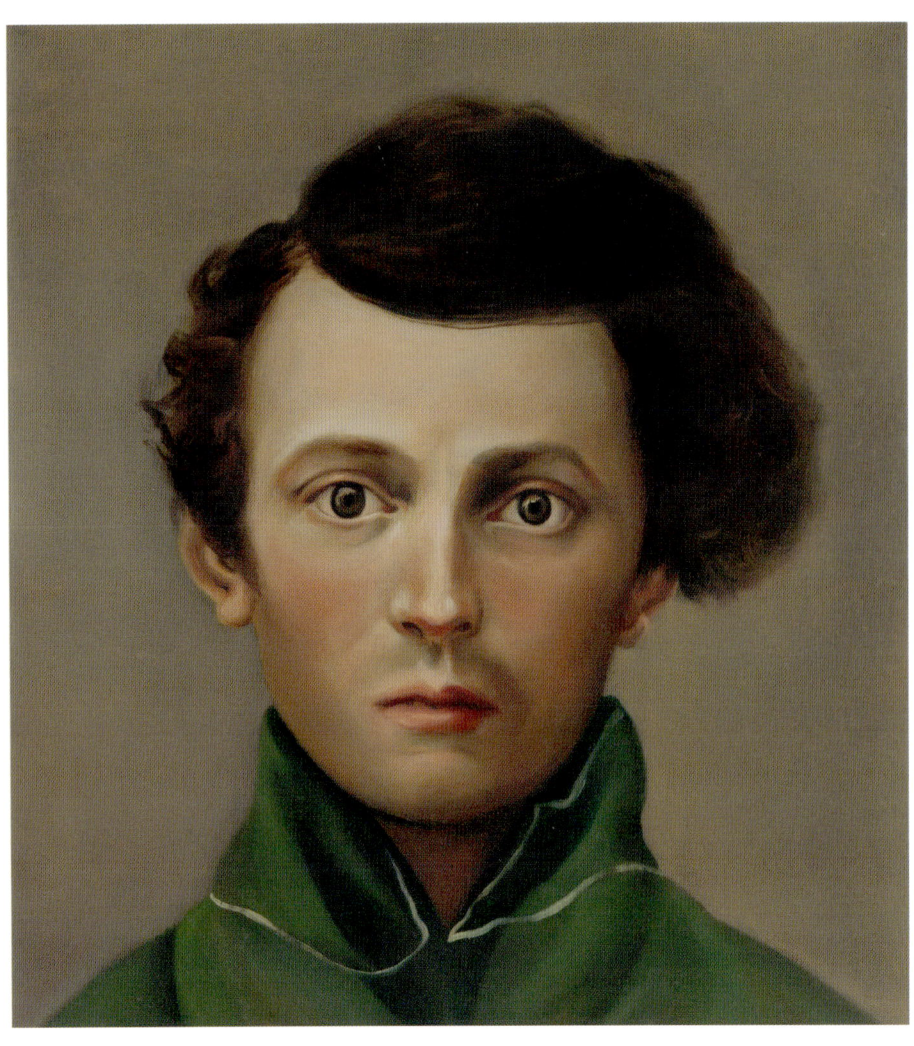

R.H., 2013

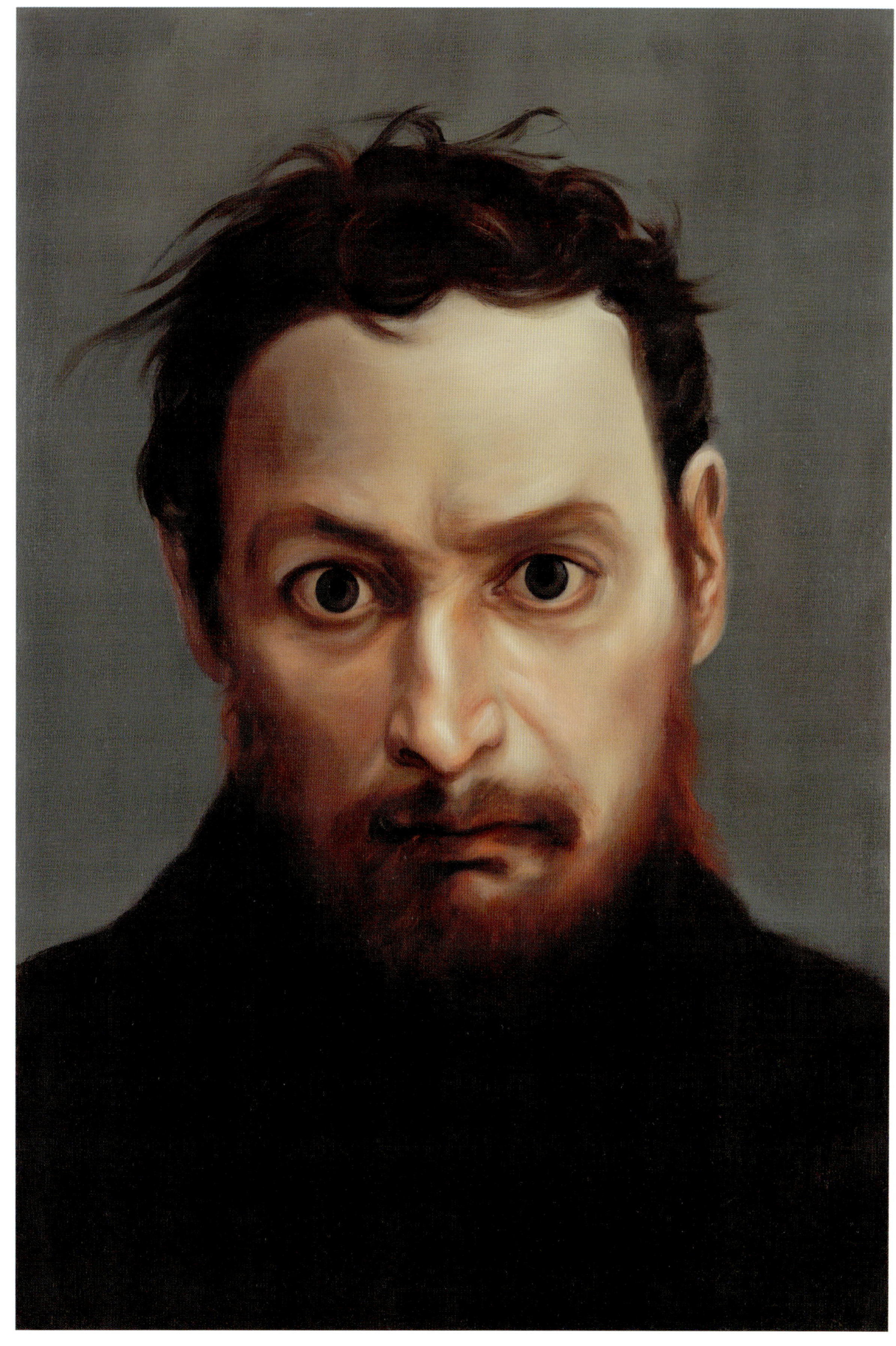

G.L.G., 2015

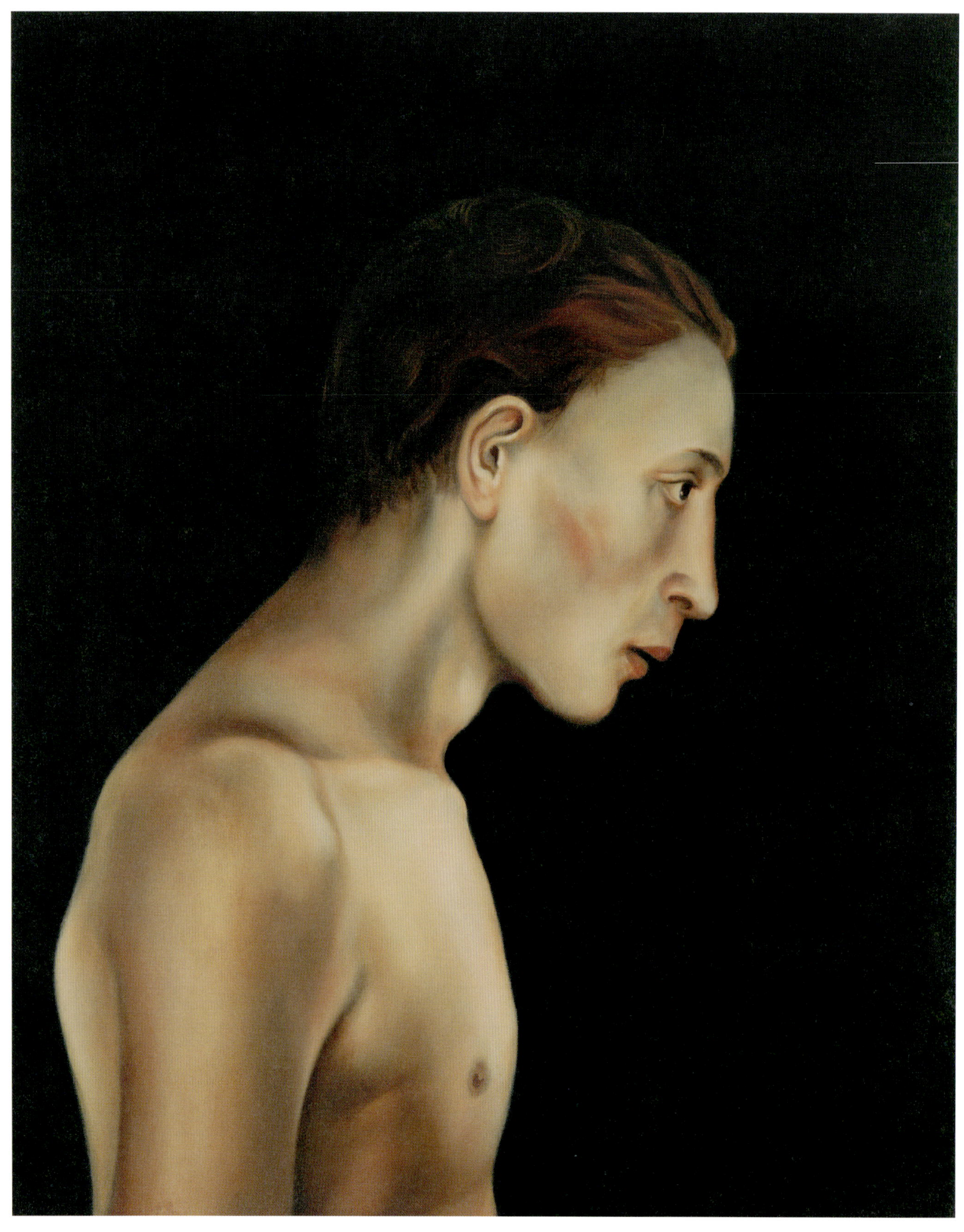

B.G., 2016

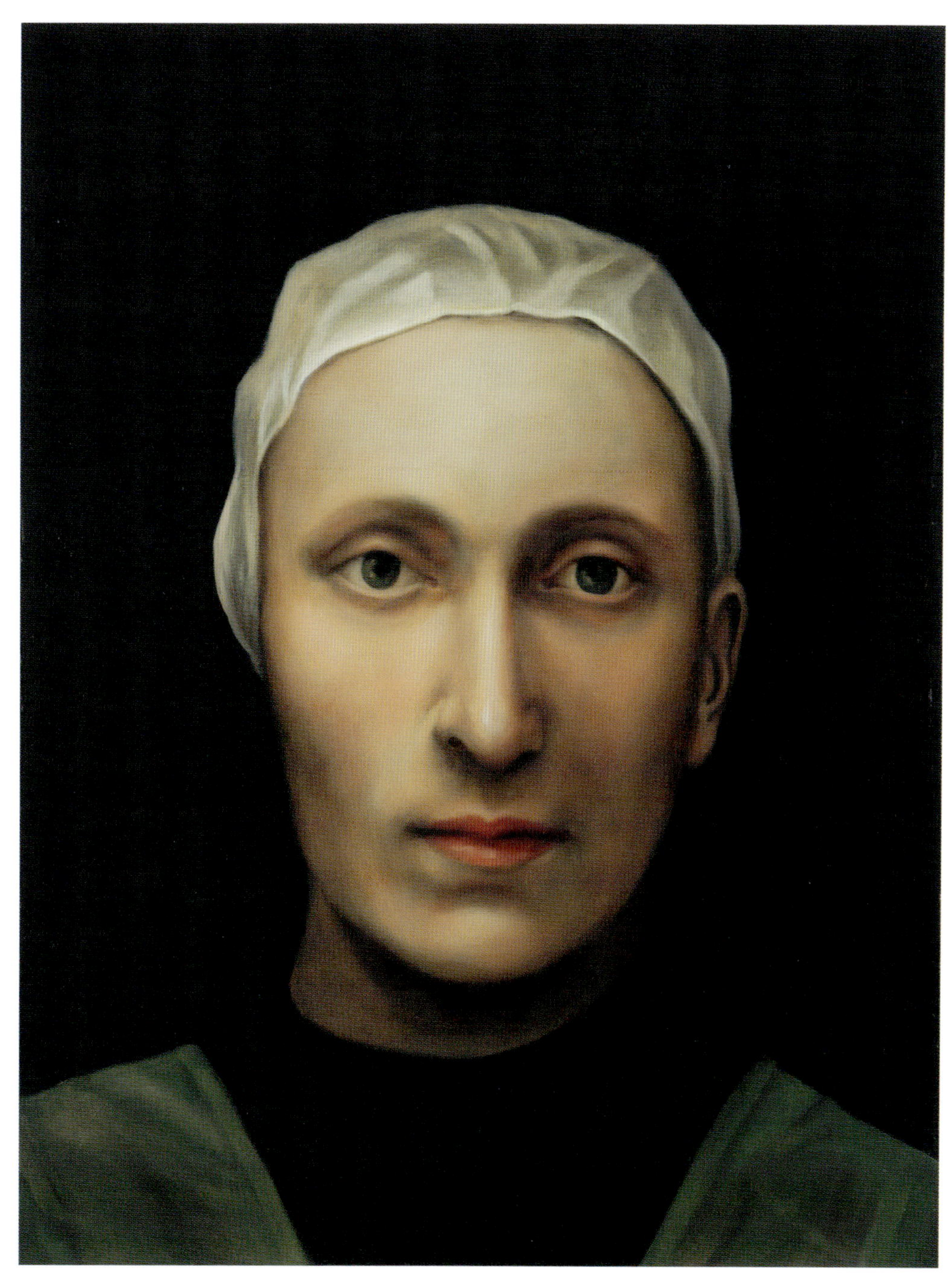

G.O., 2016

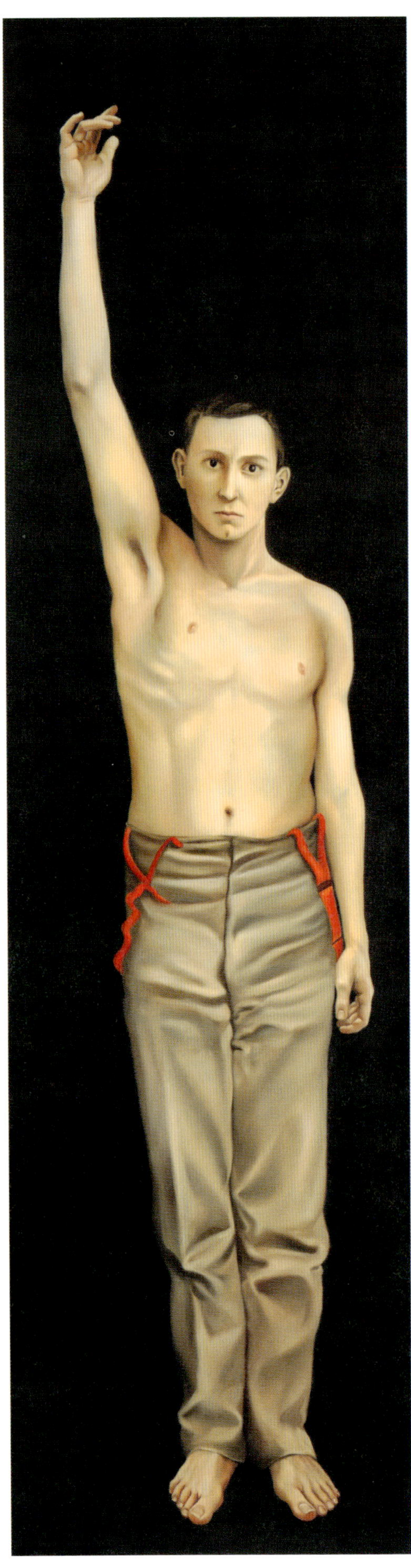

M.O., 2014

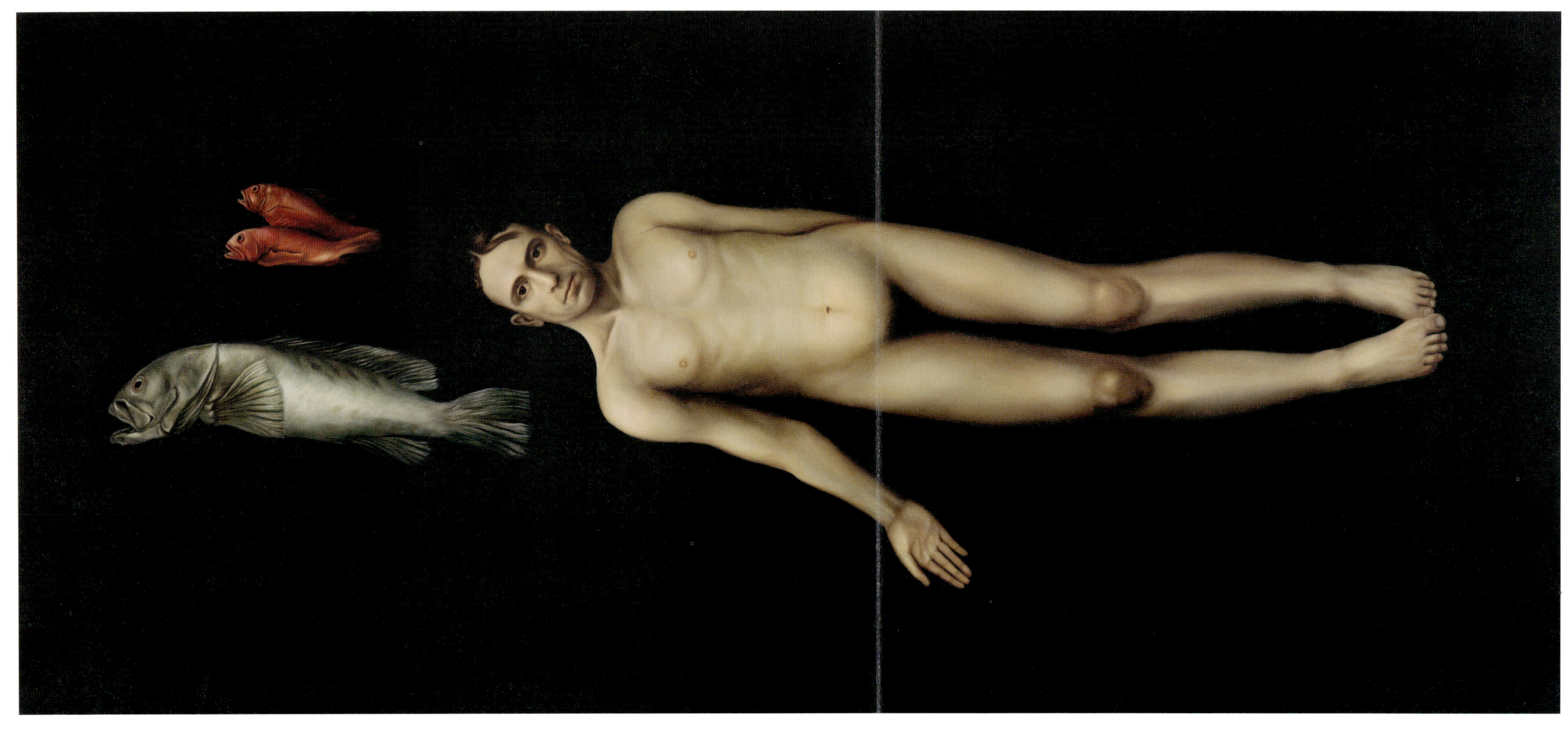

V.S.N., 2016

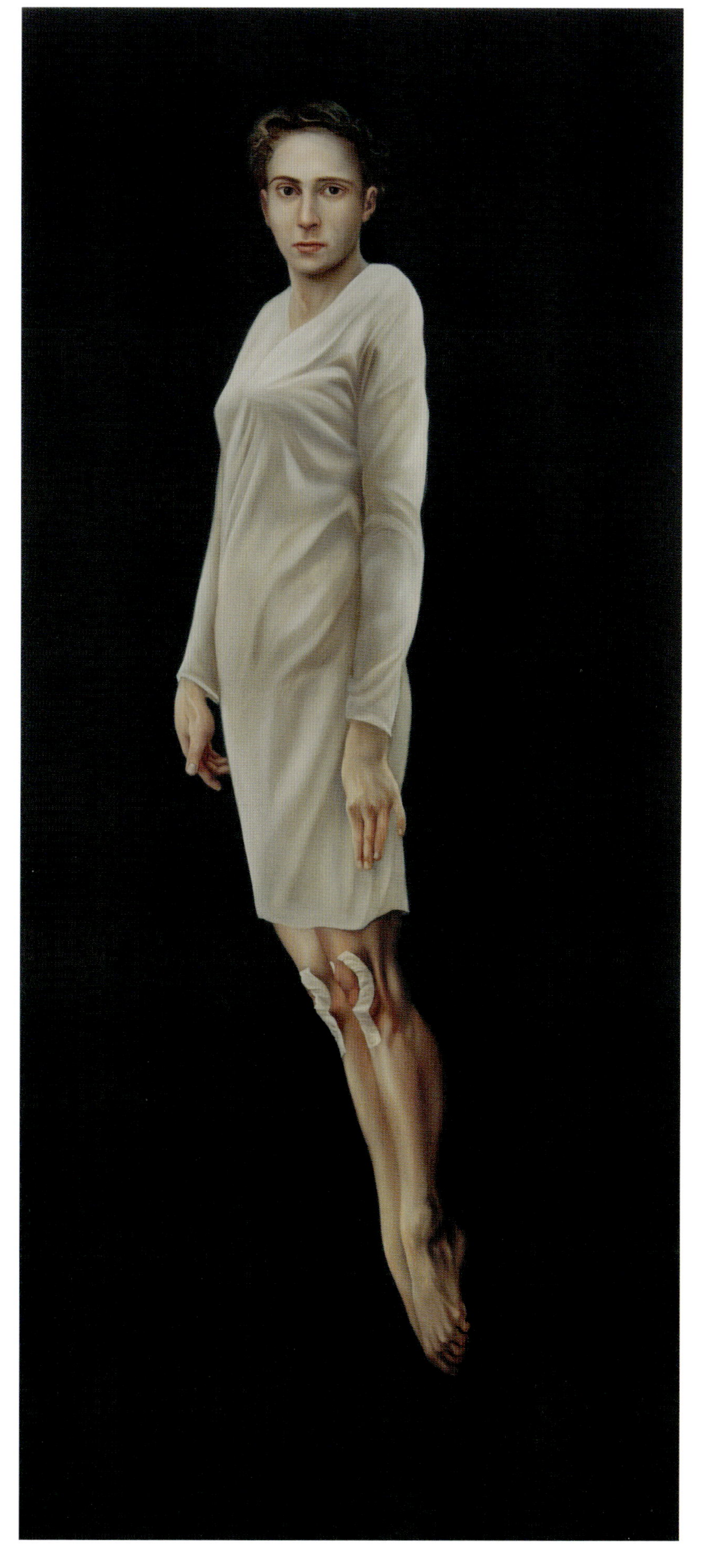

S.P.R., 2016

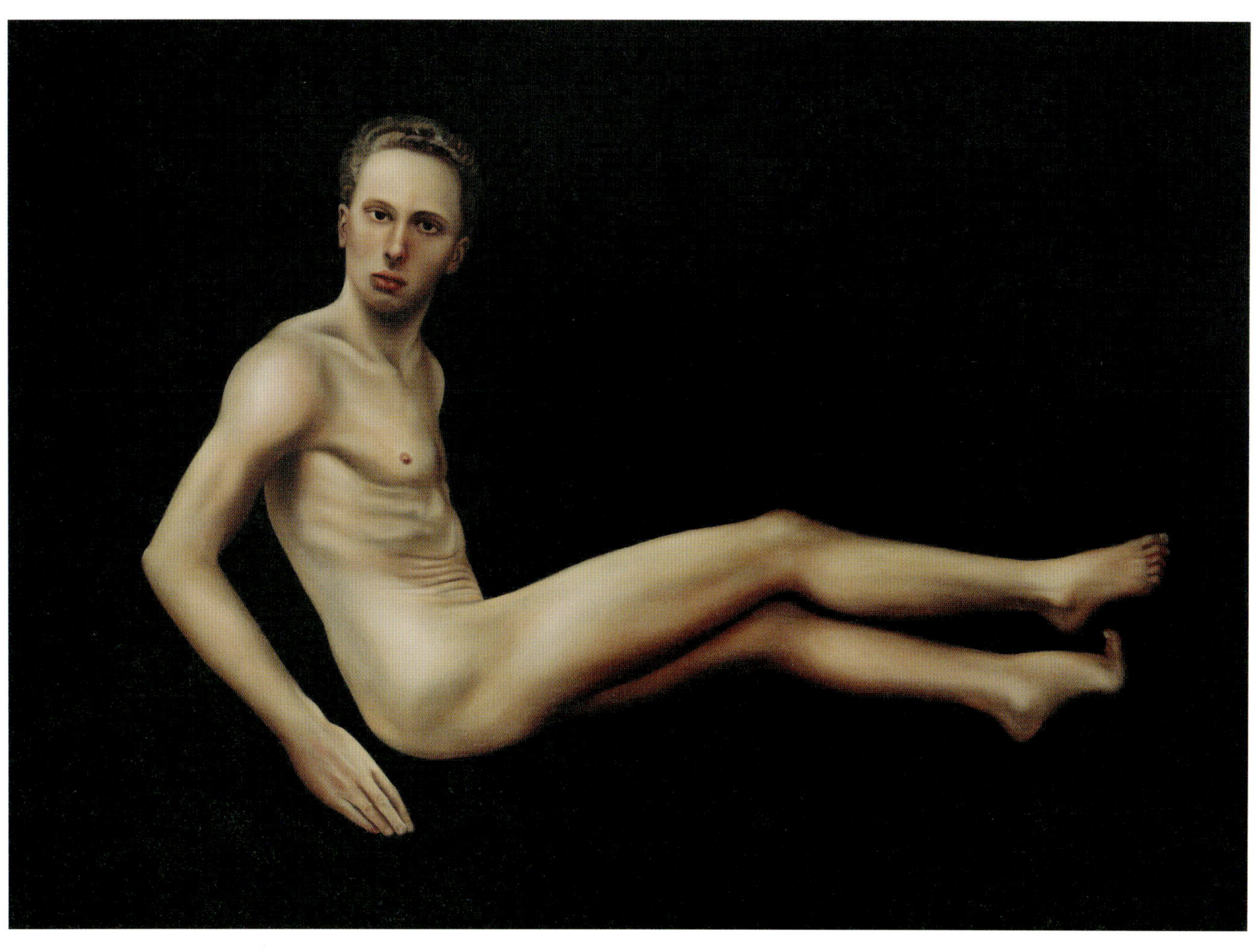

H.M.B., 2016

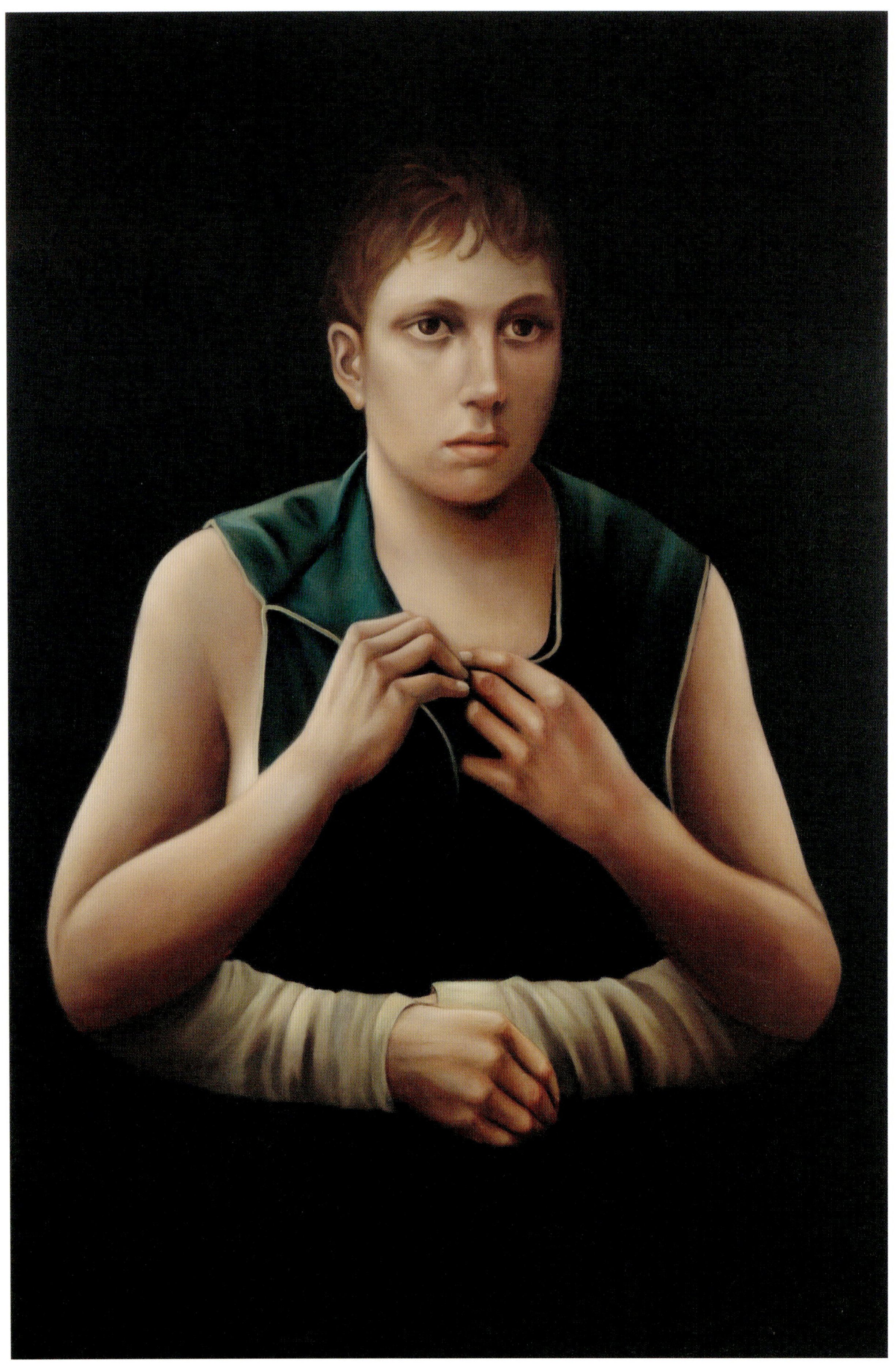

V.A., 2016

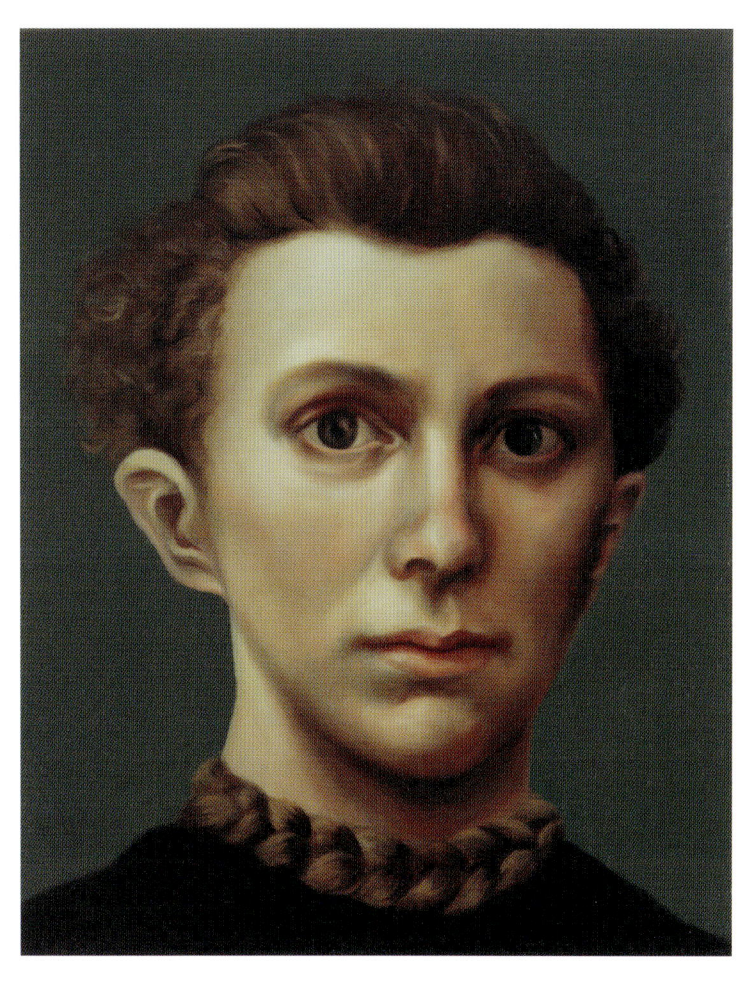

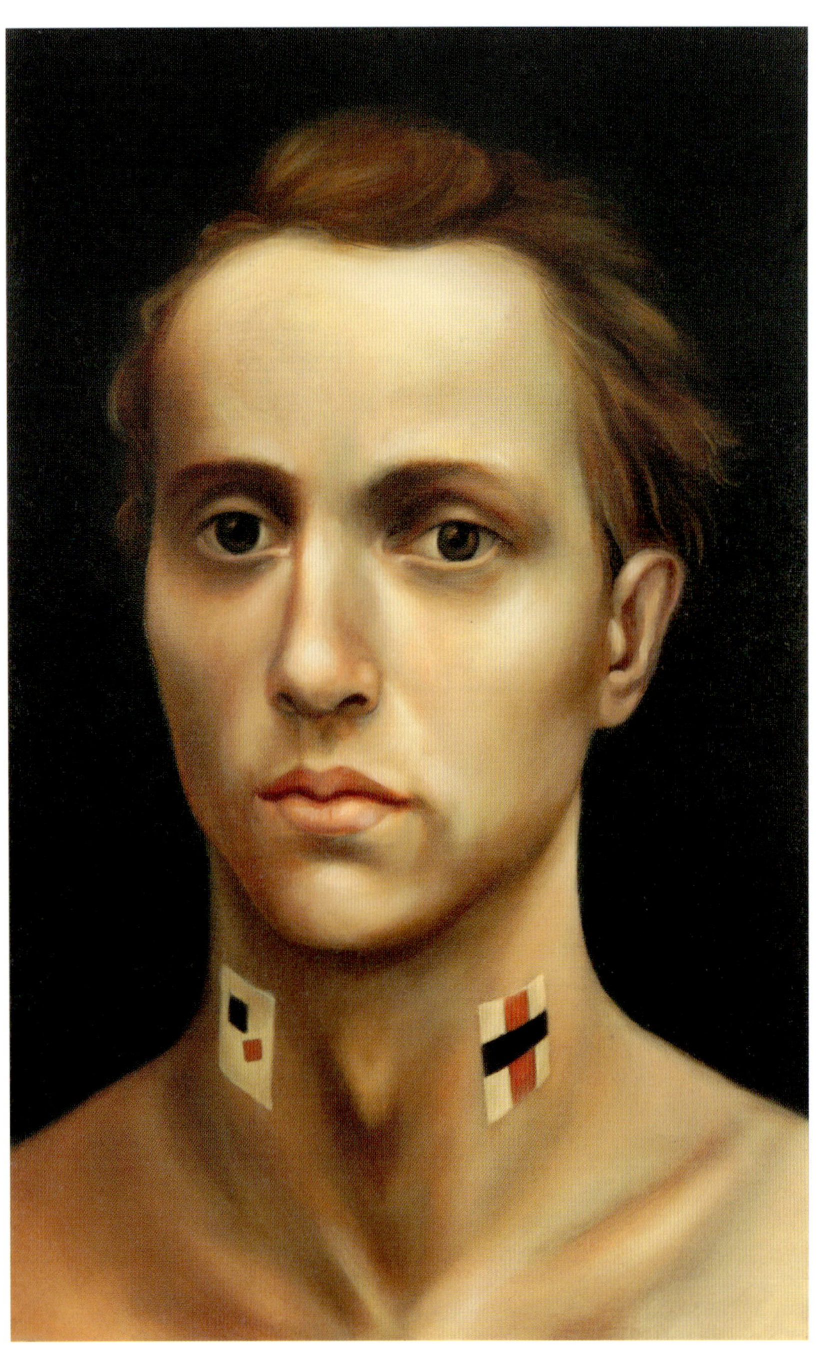

M.F., 2016

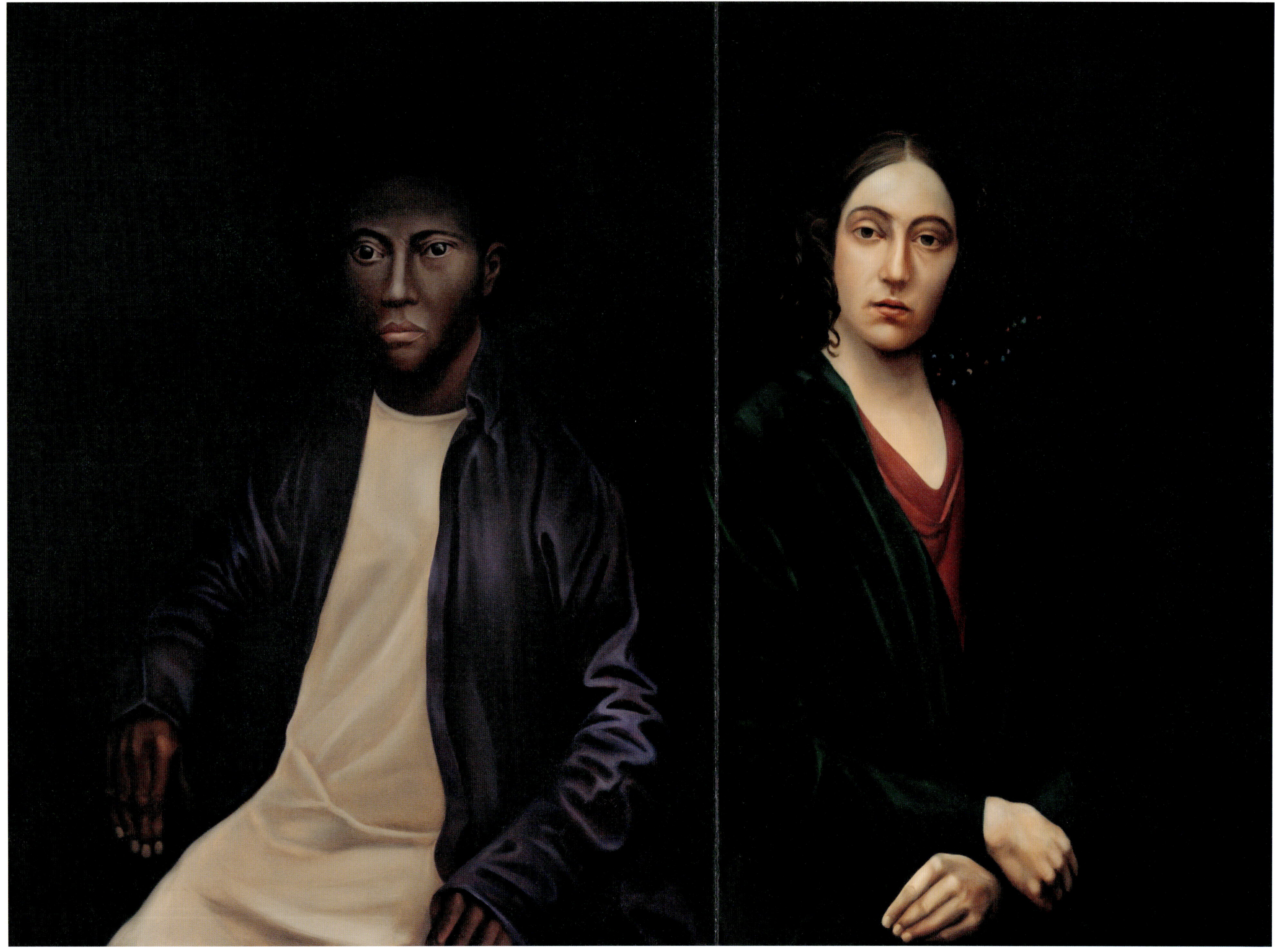

R.A.H., 2016

Liste des œuvres

List of the works of art

Sauf mention spéciale, toutes les œuvres reproduites dans le catalogue sont courtoisie de Sophie Kuijken & de la Galerie Nathalie Obadia Paris / Bruxelles.

Unless stated otherwise, the works of art presented in the catalogue are courtesy of Sophie Kuijken & the Galerie Nathalie Obadia Paris / Brussels.

B.I.B., 2015-16 (p. 33)
Huile et acrylique sur panneau de bois aggloméré
Oil and acrylic on chipboard panel
67 × 40 cm / *26 3/8 × 15 3/4 in*
Collection privée

P.K., 2015-16 (p. 34)
Huile et acrylique sur panneau de bois aggloméré
Oil and acrylic on chipboard panel
77 × 51 cm / *30 3/8 × 20 1/8 in*

E.K., 2015-16 (p. 35)
Huile et acrylique sur panneau de bois aggloméré
Oil and acrylic on chipboard panel
200 × 105 cm / *78 3/4 × 41 3/8 in*

K.H., 2015-16 (p. 36)
Huile et acrylique sur bois
Oil and acrylic on wood
23,5 × 22 cm / *9 1/4 × 8 5/8 in*

S.L.Z., 2016 (p. 37)
Huile et acrylique sur panneau de bois aggloméré
Oil and acrylic on chipboard panel
160 × 150 cm / *63 × 59 in*

S.T.P., 2014 (p. 38)
Huile et acrylique sur panneau de bois aggloméré
Oil and acrylic on chipboard panel
122 × 63,5 cm / *48 × 25 in*

G.K.A.M., 2014 (p. 39)
Huile et acrylique sur panneau de bois aggloméré
Oil and acrylic on chipboard panel
108 × 230 cm / *42 1/2 × 90 1/2 in*
Collection privée, Bruxelles

T.M., 2013 (p. 40)
Huile et acrylique sur panneau de bois aggloméré
Oil and acrylic on chipboard panel
99,5 × 122 cm / *39 1/8 × 48 in*
Collection privée

A.L., 2015-16 (p. 41)
Huile et acrylique sur panneau de bois aggloméré
Oil and acrylic on chipboard panel
200 × 110 cm / *78 ¾ × 43 ¼ in*

H.I.B., 2015-16 (p. 42)
Huile et acrylique sur panneau de bois aggloméré
Oil and acrylic on chipboard panel
200 × 80 cm / *78 ¾ × 31 ½ in*

M.H., 2015-16 (p. 43)
Huile et acrylique sur panneau de bois aggloméré
Oil and acrylic on chipboard panel
200 × 70 cm / *78 ¾ × 27 ½ in*

O.O., 2015 (p. 44)
Huile et acrylique sur panneau de bois aggloméré
Oil and acrylic on chipboard panel
32 × 25 cm / *12 ⅝ × 9 ⅞ in*
Collection privée, Belgique

O.D.G., 2014 (p. 45)
Huile et acrylique sur panneau de bois aggloméré
Oil and acrylic on chipboard panel
100 × 244 cm / *39 ⅜ × 96 ⅛ in*
Collection privée, Belgique

K.(E).B., 2013 (p. 46)
Huile et acrylique sur panneau de bois aggloméré
Oil and acrylic on chipboard panel
122 × 79 cm / *48 × 31 ⅛ in*
Collection privée, États-Unis

B.L., 2014 (p. 47)
Huile et acrylique sur panneau de bois aggloméré
Oil and acrylic on chipboard panel
22 × 18 cm / *8 ⅝ × 7 ⅛ in*
Collection privée, Belgique

S.A.I., 2015 (p. 48)
Huile et acrylique sur panneau de bois aggloméré
Oil and acrylic on chipboard panel
45 × 41,5 cm / *17 ¾ × 16 ⅜ in*
Collection privée

R.O.P., 2014 (p. 49)
Huile et acrylique sur panneau de bois aggloméré
Oil and acrylic on chipboard panel
216 × 183 cm / *85 × 72 in*
Collection Nathalie Obadia

Z.P., 2015-16 (p. 50)
Huile et acrylique sur panneau de bois aggloméré
Oil and acrylic on chipboard panel
150 × 96 cm / *59 × 37 ¾ in*
Private collection, Basel

M.Z.H., 2015-16 (p. 51)
Huile et acrylique sur panneau de bois aggloméré
Oil and acrylic on chipboard panel
105 × 250 cm / *41 ⅜ × 98 ⅜ in*
Private collection, Basel

J.T.J., 2015-16 (p. 52)
Huile et acrylique sur bois
Oil and acrylic on wood
25 × 22 cm / *9 ⅞ × 8 ⅝ in*
Collection privée, France

K.V., 2015-16 (p. 53)
Huile et acrylique sur panneau de bois aggloméré
Oil and acrylic on chipboard panel
52 × 35 cm / *20 ½ × 13 ¾ in*
Collection privée, France

N.R., 2014 (p. 54)
Huile et acrylique sur panneau de bois aggloméré
Oil and acrylic on chipboard panel
74 × 60,5 cm / *29 ⅛ × 23 ⅞ in*
Collection privée

C.H.Z.E.R.S., 2013 (p. 55)
Huile et acrylique sur panneau de bois aggloméré
Oil and acrylic on chipboard panel
122 × 165 cm / *48 × 65 in*
Collection privée, Belgique

E.B., 2015 (p. 56)
Huile et acrylique sur panneau de bois aggloméré
Oil and acrylic on chipboard panel
200 × 110 cm / *78 ¾ × 43 ¼ in*
Collection privée

M.D.L., 2015-16 (p. 57)
Huile et acrylique sur panneau de bois aggloméré
Oil and acrylic on chipboard panel
100 × 240 cm / *39 ⅜ × 94 ½ in*
Collection privée

T.Q., 2015 (p. 58)
Huile et acrylique sur panneau de bois aggloméré
Oil and acrylic on chipboard panel
40,5 × 28 cm / *16 × 11 in*
Collection particulière, Italie

H.L.H., 2014 (p. 59)
Huile et acrylique sur panneau de bois aggloméré
Oil and acrylic on chipboard panel
180 × 110 cm / *70 ⅞ × 43 ¼ in*
Collection privée, Paris

T.T.R., 2016 (p. 60)
Huile et acrylique sur panneau de bois aggloméré
Oil and acrylic on chipboard panel
140 × 170 cm / *55 ⅛ × 66 ⅞ in*
Collection particulière

S.B., 2016 (p. 61)
Huile et acrylique sur panneau de bois aggloméré
Oil and acrylic on chipboard panel
150 × 96 cm / *59 × 37 ¾ in*

P.T.S., 2016 (p. 62)
Huile et acrylique sur panneau de bois aggloméré
Oil and acrylic on chipboard panel
200 × 78 cm / *78 ¾ × 30 ¾ in*
Private collection, Basel

V.K.S., 2015 (p. 63)
Huile et acrylique sur panneau de bois aggloméré
Oil and acrylic on chipboard panel
183 × 280 cm / *72 × 110 ¼ in*
Collection privée, Belgique

R.M., 2014 (p. 64)
Huile et acrylique sur panneau de bois aggloméré
Oil and acrylic on chipboard panel
85 × 60 cm / *33 ½ × 23 ⅝ in*

G.R., 2014 (p. 65)
Huile et acrylique sur panneau de bois aggloméré
Oil and acrylic on chipboard panel
73 × 60,5 cm / *28 ¾ × 23 ⅞ in*

A.P.K., 2014 (p. 66)
Huile et acrylique sur panneau de bois aggloméré
Oil and acrylic on chipboard panel
177 × 122 cm / *69 ⅝ × 48 in*
Collection privée, Bruxelles

T.W., 2013 (p. 67)
Huile et acrylique sur panneau de bois aggloméré
Oil and acrylic on chipboard panel
90 × 80 cm / *35 ⅜ × 31 ½ in*
Collection privée, Belgique

L.K., 2015-16 (p. 68)
Huile et acrylique sur bois
Oil and acrylic on wood
21 × 19 cm / *8 ¼ × 7 ½ in*

R.A.E., 2015-16 (p. 69)
Huile et acrylique sur panneau de bois aggloméré
Oil and acrylic on chipboard panel
90 × 160 cm / *35 ⅜ × 63 in*
Private collection, Basel

A.M., 2013 (p. 70)
Huile et acrylique sur panneau de bois aggloméré
Oil and acrylic on chipboard panel
63,5 × 55 cm / *25 × 21 ⅝ in*
Collection Francès, France

S.C.K., 2013 (p. 71)
Huile et acrylique sur panneau de bois aggloméré
Oil and acrylic on chipboard panel
63,5 × 67 cm / *25 × 26 ⅜ in*
Collection privée, Belgique

K.N.Z., 2015 (p. 72)
Huile et acrylique sur panneau de bois aggloméré
Oil and acrylic on chipboard panel
138 × 122,5 cm / *54 ⅜ × 48 ¼ in*
Collection Francès, France

I.A.M., 2015 (p. 73)
Huile et acrylique sur panneau de bois aggloméré
Oil and acrylic on chipboard panel
180 × 122,5 cm / *70 ⅞ × 48 ¼ in*
Collection privée

H.B.H., 2012 (p. 74)
Huile et acrylique sur panneau de bois aggloméré
Oil and acrylic on chipboard panel
54,5 × 40 cm / *21 ½ × 15 ¾ in*
Collection privée, Belgique

B.M.T., 2015 (p. 75)
Huile et acrylique sur panneau de bois aggloméré
Oil and acrylic on chipboard panel
90 × 184 cm / *35 ⅜ × 72 ½ in*
Collection privée, Belgique

B.I.D., 2016 (p. 76)
Huile et acrylique sur panneau de bois aggloméré
Oil and acrylic on chipboard panel
40 × 25 cm / *15 ¾ × 9 ⅞ in*

U.O., 2016 (p. 77)
Huile et acrylique sur panneau de bois aggloméré
Oil and acrylic on chipboard panel
200 × 120 cm / *78 ¾ × 47 ¼ in*
Private collection, Basel

T.W.A.A.L.F., 2012 (p. 78)
Huile et acrylique sur panneau de bois aggloméré
Oil and acrylic on chipboard panel
160 × 122 cm / *63 × 48 in*
Collection privée

B&T, 2015-16 (p. 79)
Huile et acrylique sur panneau de bois aggloméré
Oil and acrylic on chipboard panel
90 × 53 cm / *35 ⅜ × 20 ⅞ in*

W.V., 2014 (p. 80)
Huile et acrylique sur panneau de bois aggloméré
Oil and acrylic on chipboard panel
176 × 61 cm / *69 ¼ × 24 in*

G.U.K., 2015 (p. 81)
Huile et acrylique sur panneau de bois aggloméré
Oil and acrylic on chipboard panel
123,5 × 244 cm / *48 ⅜ × 96 ⅛ in*
Collection privée, Belgique

O.M.K., 2016 (p. 82)
Huile et acrylique sur panneau de bois aggloméré
Oil and acrylic on chipboard panel
150 × 140 cm / *59 × 55 ⅛ in*
Private collection, Basel

Z.O., 2015-16 (p. 83)
Huile et acrylique sur panneau de bois aggloméré
Oil and acrylic on chipboard panel
51,5 × 35 cm / *20 ¼ × 13 ¾ in*

R.H., 2013 (p. 84)
Huile et acrylique sur panneau de bois aggloméré
Oil and acrylic on chipboard panel
45 × 42 cm / *17 ¾ × 16 ⅞ in*
Collection privée, Belgique

G.L.G., 2015 (p. 85)
Huile et acrylique sur panneau de bois aggloméré
Oil and acrylic on chipboard panel
61 × 42 cm / *24 × 16 ½ in*
Collection Francès, France

B.G., 2016 (p. 86)
Huile et acrylique sur panneau de bois aggloméré
Oil and acrylic on chipboard panel
67 × 54,5 cm / *26 ⅜ × 21 ½ in*
Private collection, Basel

G.O., 2016 (p. 87)
Huile et acrylique sur panneau de bois aggloméré
Oil and acrylic on chipboard panel
54,5 × 42 cm / *21 ½ × 16 ½ in*
Private collection, Basel

M.O., 2014 (p. 88)
Huile et acrylique sur panneau de bois aggloméré
Oil and acrylic on chipboard panel
223 × 61 cm / *87 ¾ × 24 in*
Collection privée

V.S.N., 2016 (p. 89)
Huile et acrylique sur panneau de bois aggloméré
Oil and acrylic on chipboard panel
110 × 250 cm / *43 ¼ × 98 ⅜ in*

S.P.R., 2016 (p. 90)
Huile et acrylique sur panneau de bois aggloméré
Oil and acrylic on chipboard panel
200 × 90 cm / *78 ¾ × 35 ⅜ in*
Private collection, Basel

H.M.B., 2016 (p. 91)
Huile et acrylique sur panneau de bois aggloméré
Oil and acrylic on chipboard panel
114 × 160 cm / *44 ⅞ × 63 in*
Private collection, Basel

V.A., 2016 (p. 92)
Huile et acrylique sur panneau de bois aggloméré
Oil and acrylic on chipboard panel
122 × 82 cm / *48 × 32 ¼ in*
Collection particulière

T.M.O., 2016 (p. 93)
Huile et acrylique sur panneau de bois aggloméré
Oil and acrylic on chipboard panel
40 × 32 cm / *15 ¾ × 12 ⅝ in*
Collection Niemela, Paris, France

M.F., 2016 (p. 94)
Huile et acrylique sur panneau de bois aggloméré
Oil and acrylic on chipboard panel
40 × 25 cm / *15 ¾ × 9 ⅞ in*
Collection Privée, Luxembourg

R.A.H., 2016 (p. 95)
Huile et acrylique sur panneau de bois aggloméré
Oil and acrylic on chipboard panel
130 × 180 cm / *51 ⅛ × 70 ⅞ in*
Private collection, Basel

Annexes | **Appendices**

Biographie de l'artiste

Artist's biography

Sophie Kuijken
Née en 1965 à Bruges, Belgique

Sophie Kuijken vit et travaille à Willebringen, près de Louvain, en Belgique. Formée à l'Académie de Gand, elle en sort diplômée en 1988. S'en suit une période d'introspection et d'isolement qui durera près de 20 ans pendant laquelle l'artiste peint des portraits sans relâche, genre qui restera le support favori de ses expérimentations picturales. L'anonymat s'achève en 2010, quand un collectionneur entrouvre les portes de l'atelier de Sophie Kuijken et présente son travail à Joost Declercq, directeur du Musée Dhondt-Dhaenens à Deurle (Belgique). Celui-ci lui consacre sa première exposition monographique l'année suivante, en 2011, suivie, en 2013, de sa première exposition collective, « XXH », au Musée Dr Guislain à Gand.

En 2014, la Galerie Nathalie Obadia consacre à Sophie Kuijken sa première exposition personnelle à Bruxelles. La même année, elle participe à « Vestige », sa seconde exposition de groupe sur le thème du recyclage à la Fondation Francès à Senlis (France). L'artiste belge y est invitée pour sa manière originale de recycler les mots et les images qu'elle collecte sur Internet et compile ensuite pour aboutir au simulacre de réalité qui caractérise ses portraits d'un nouveau genre.

Born in 1965 in Bruges, Belgium

Sophie Kujiken lives and works in Willebringen, near Louvain, in Belgium. She was trained at the Ghent Academy of Art and gradu ated in 1988. This was followed by a period of introspection and isolation that lasted twenty years, during which the artist painted many portraits, a genre that was the principal medium for her pictorial experiments. This anonymity ended in 2010, when a collector discovered Sophie Kuijken's studio and presented her works to Joost Declercq, the director of the Dhondt-Dhaenens Museum in Deurle (Belgium). The latter held her first monographic exhibition in 2011, followed, in 2013, by her first group exhibition, entitled 'XXH', in the Dr Guislain Museum in Ghent (Belgium).

In 2014, the Galerie Nathalie Obadia held Sophie Kuijken's first solo exhibition in Brussels. That year, she took part in 'Vestige', her second collective exhibition, devoted to the theme of recycling at the Fondation Francès in Senlis (France). The Belgian artist was invited there because of her original way of recycling words and images that she collects on the Internet and then compiles to create simulacrums of reality that characterise her portraits in a new genre. In the same year, the fashion designer Dries Van Noten included one of Sophie Kuijken's works in his exhibition 'Dries Van Noten Inspirations', which was held

Toujours en 2014, le styliste Dries Van Noten inclut une œuvre de Sophie Kuijken dans son exposition « Dries Van Noten Inspirations » organisée par le Musée des Arts Décoratifs à Paris (France), puis présentée en 2015 au MoMu (Musée de la Mode à Anvers, Belgique). En 2015 également, le Centre de Maasmechelen (province du Limbourg, Belgique) offre à Sophie Kuijken sa deuxième exposition monographique.

En 2016, le Musée d'Ixelles (Belgique) choisit un tableau de Sophie Kuijken pour figurer parmi une sélection de portraits de sa collection permanente. Parallèlement, la Galerie Nathalie Obadia lui consacre une deuxième exposition personnelle à Bruxelles, suivie d'une première à Paris en janvier 2017. En novembre de la même année, Sophie Kuijken participe, avec une cinquantaine d'autres artistes parmi lesquels Luc Tuymans, Michaël Borremans, Ann Veronica Janssens et Thomas Lerooy, à « Ecce Homo », exposition collective présentée dans plusieurs musées à Anvers (Belgique) et qui rassemble la fine fleur de la scène artistique belge.

by the Musée des Arts Décoratifs in Paris (France), and was subsequently presented in 2015 at the MoMu (Antwerp's Fashion Museum, Belgium). Sophie Kuijken's second monographic exhibition was held in the Maasmechelen Centre (province of Limburg, Belgium) in 2015.

In 2016, the Musée d'Ixelles (Belgium) chose one of Sophie Kuijken's paintings to feature in an exhibition of portraits selected from its permanent collection. At the same time, the Galerie Nathalie Obadia held her second solo exhibition in Brussels, followed by a first solo exhibition in Paris in January 2017. And in November of that year, Sophie Kuijken was one of fifty artists, including Luc Tuymans, Michaël Borremans, Ann Veronica Janssens, and Thomas Lerooy, who took part in 'Ecce Homo', a collective exhibition held concurrently in several museums in Antwerp (Belgium) that brought together the most prominent artists of the Belgian artistic scene.

Biographie des auteurs

Authors' biography

Marc Donnadieu
Né en 1960 à Jerada, Maroc

Marc Donnadieu est conservateur en chef au Musée de l'Élysée à Lausanne (Suisse), après avoir été conservateur en charge de l'art contemporain au LaM Lille Métropole musée d'art moderne, d'art contemporain et d'art brut de 2010 à 2017 et directeur du Fonds régional d'art contemporain de Haute-Normandie de 1999 à 2010.

Il a été le commissaire d'expositions monographiques de référence consacrées à l'œuvre d'artistes tels que Dove Allouche, Silvia Bächli, Michel François, Eugène Leroy, Claude Lévêque, Nancy Spero, Hiroshi Sugimoto, Richard Tuttle ou Luc Tuymans, ainsi que de nombreuses expositions thématiques en lien avec la photographie contemporaine, les représentations actuelles du corps, les processus identitaires au sein des espaces sociaux actuels ou les relations entre l'art et l'architecture.

Il est actuellement membre de la commission scientifique régionale des collections des Musées de France, région Île-de-France, après avoir été membre de la Commission d'acquisition photographie et arts de l'image du Centre national des arts plastiques de 2010 à 2012 et de la Commission d'acquisition arts plastiques de 2001 à 2003.

Born in 1960 in Jerada, Morocco

Marc Donnadieu is Chief Curator at the Musée de l'Élysée in Lausanne (Switzerland); he was previously Curator in charge of Contemporary Art at the LaM, the Lille Métropole Musée d'Art Moderne, d'Art Contemporain et d'Art Brut (Lille Metropole Museum of Modern Art, Contemporary Art and Outsider Art) from 2010 to 2017, and Director of the Fonds Régional d'Art Contemporain de Haute-Normandie from 1999 to 2010.

He has curated notable monographic exhibitions devoted to the work of artists such as Dove Allouche, Silvia Bächli, Michel François, Eugène Leroy, Claude Lévêque, Nancy Spero, Hiroshi Sugimoto, Richard Tuttle, Luc Tuymans, and many thematic exhibitions associated with contemporary photography, contemporary representations of the body, the development of identity in contemporary social spaces, and the relations between art and architecture.

He is currently a member of the Commission Scientifique Régionale des Collections des Musées de France (Île-de-France Region); he was previously a member of the Commission d'Acquisition Photographie et Arts de l'Image du Centre National des Arts Plastiques from 2010 to 2012 and the Commission d'Acquisition Arts Plastiques from 2001 to 2003.

Rédacteur pour la revue française d'art contemporain *Art Press* depuis 1994, il a également collaboré à de nombreuses revues d'art internationales. Il est l'auteur de publications et d'articles relatifs à des artistes modernes et contemporains tels que Martin Barré, Matthew Barney, Douglas Gordon, Simon Hantaï, Pierre Huyghe, Richard Prince, Jana Sterbak ou encore Thomas Lerooy.

He has been editor of the French contemporary art journal Art Press *since 1994 and has also written articles for many international art journals. He is the author of articles and publications on modern and contemporary artists, such as Martin Barré, Matthew Barney, Douglas Gordon, Simon Hantaï, Pierre Huyghe, Richard Prince, Jana Sterbak, and Thomas Lerooy.*

Julie Crenn

Née en 1982 à Brest, France

Julie Crenn est docteure en histoire de l'art, critique d'art (membre de l'AICA) et commissaire d'exposition indépendante. En 2005, elle obtient un master en recherche en histoire et critique des arts à l'Université Rennes 2 avec, pour sujet de mémoire, l'œuvre de l'artiste mexicaine Frida Kahlo. Dans la continuité de ses recherches sur les pratiques féministes et postcoloniales, elle reçoit le titre de docteure en Arts (histoire et théorie) à l'Université Michel de Montaigne, Bordeaux III. Sa thèse est une réflexion sur les pratiques textiles contemporaines, des pratiques artistiques mettant en avant les thématiques de la mémoire, de l'histoire, du genre et des identités culturelles et sexuelles.

Depuis 2018, Julie Crenn est la directrice artistique de la résidence Les Ateliers des Arques dans le Lot (France). Elle est membre (2014-2020) du Comité technique d'acquisition du FRAC Poitou-Charentes (France). Elle a réalisé plusieurs projets d'expositions en France (Paris, Caen, Rochechouart, Clermont-Ferrand, Bourges, Tarbes, Bordeaux et Saint-Denis de La Réunion), en Belgique (Bruxelles et Gand), en Allemagne (Leipzig) ; elle collabore régulièrement avec plusieurs revues d'art, dont *Artpress*, *Africultures*, *Laura* et *Branded*.

Born in 1982 in Brest, France

Julie Crenn holds a doctorate in art history and is an art critic (a member of the AICA), and an independent exhibition curator. In 2005, she obtained a Master's in Historical Research and Art Criticism from Université Rennes 2; the work of the Mexican artist Frida Kahlo was the subject of her thesis. As part of her research into feminist and postcolonial practices, she was given the title of Doctor of Arts (history and theory) by the Université Michel de Montaigne, Bordeaux III. Her thesis focused on contemporary textile practices and artistic works that highlight the theme of memory, history, gender, and cultural and sexual identities.

Since 2018, Julie Crenn has been artistic director of the residence Les Ateliers des Arques in the Lot (France). She is a member (2014-2020) of the FRAC Poitou-Charentes (France) Comité technique d'acquisition ('technical acquisition committee'). She has organised a number of exhibition projects in France (in Paris, Caen, Rochechouart, Clermont Ferrand, Bourges, Tarbes, Bordeaux, and Saint-Denis de La Réunion), in Belgium (Brussels and Ghent), and in Germany (Leipzig); and she regularly contributes to various art magazines, including Artpress, Africultures, Laura, *and* Branded.

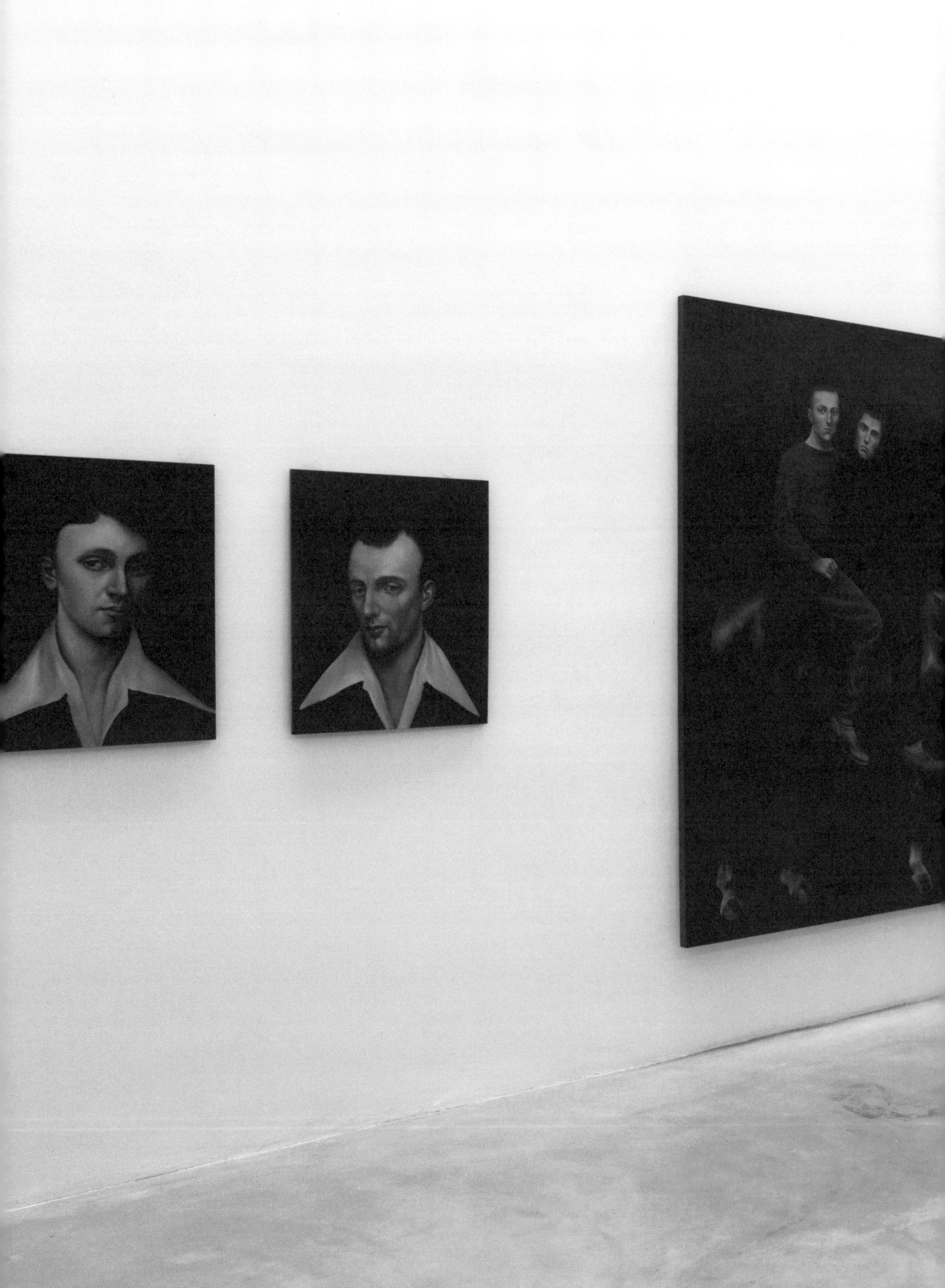

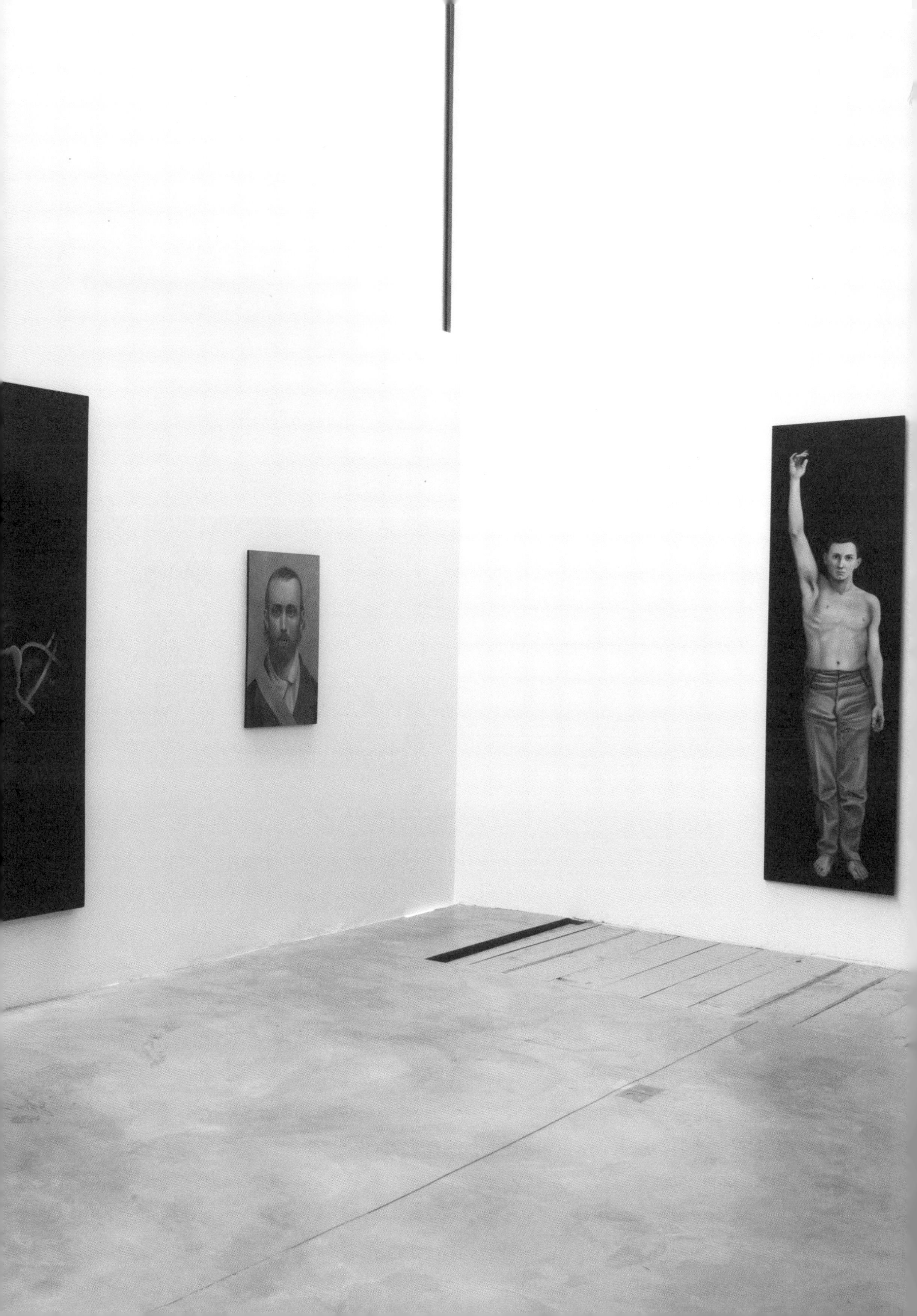

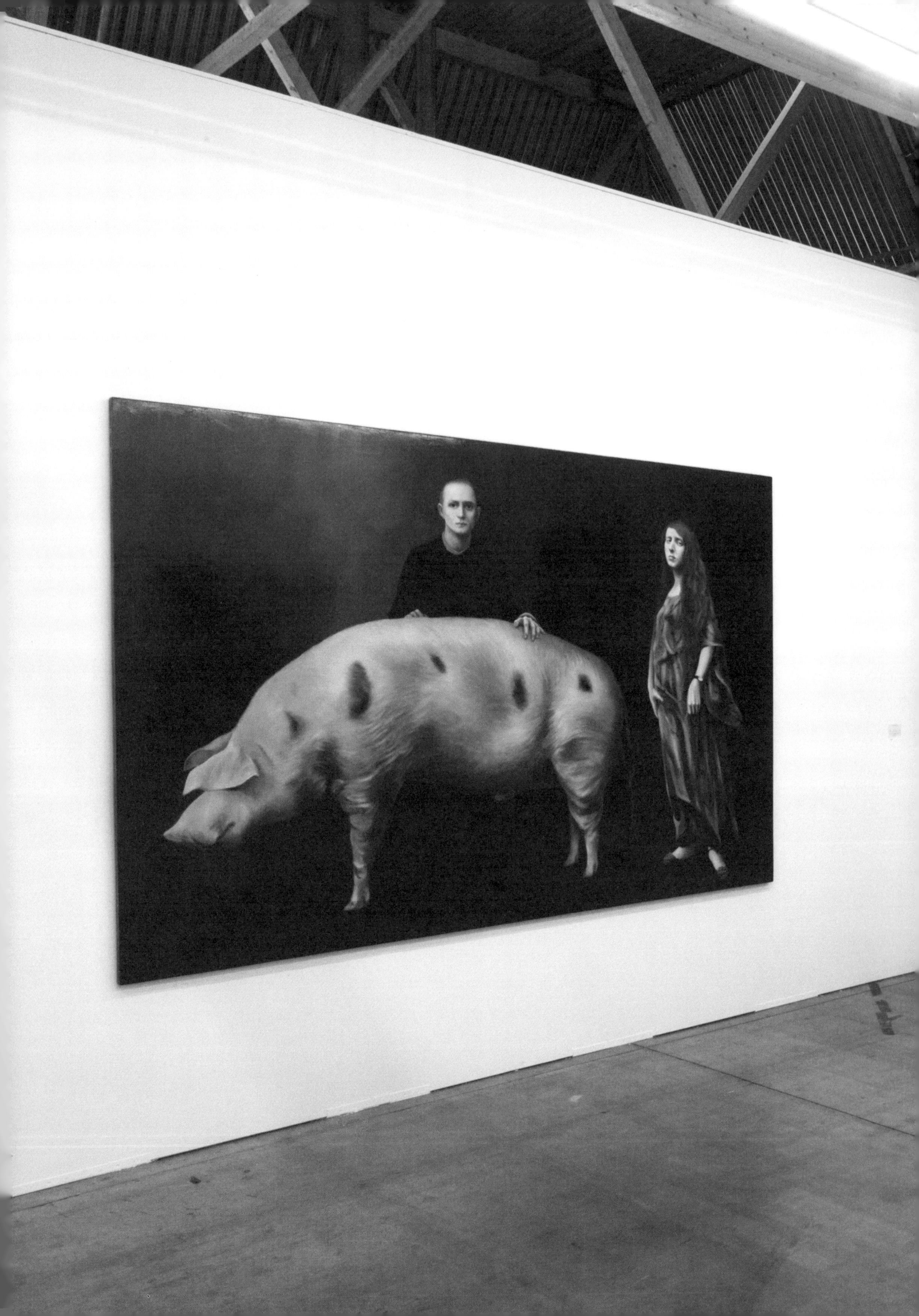

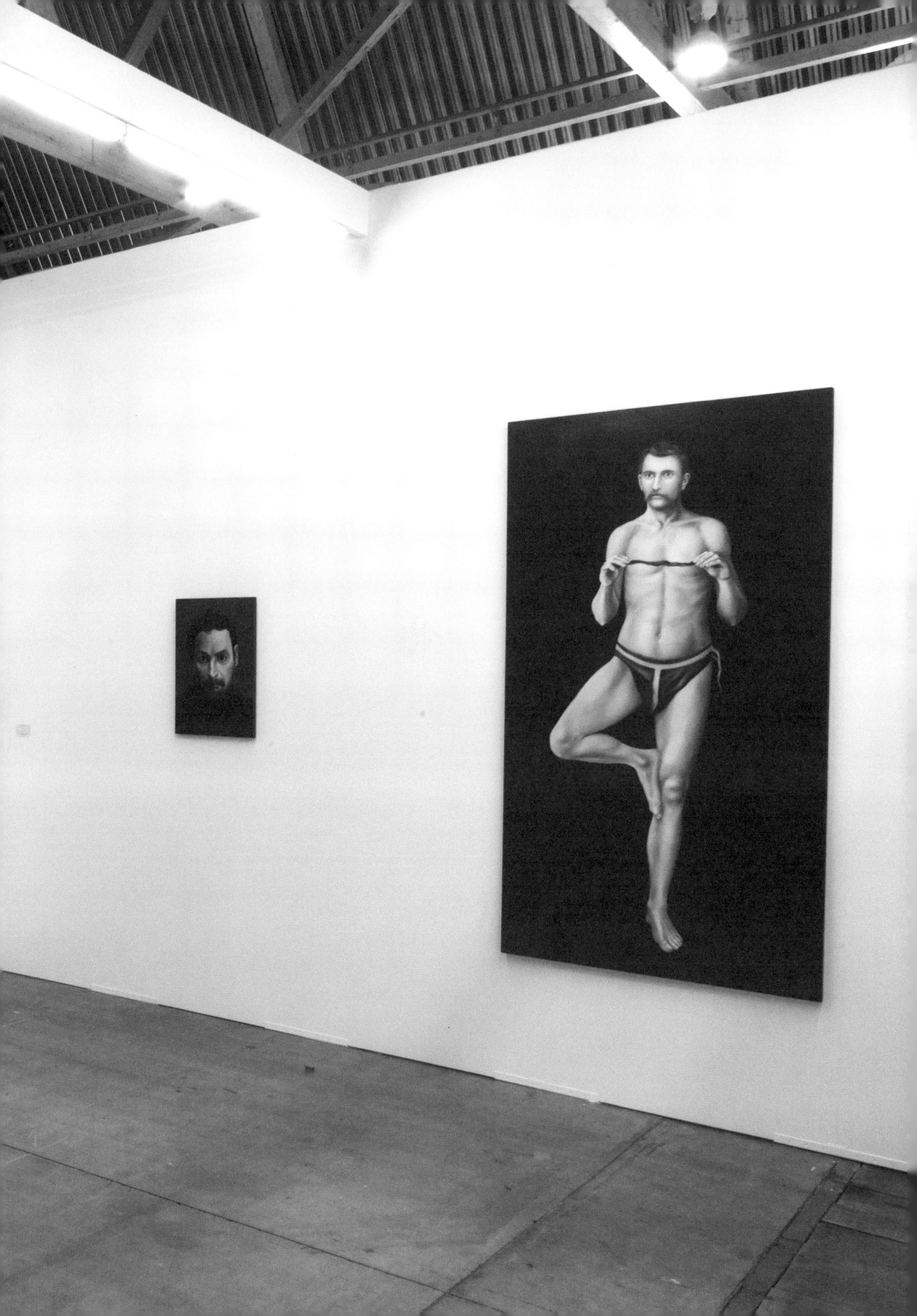

Remerciements | **Acknowledgements**
Je souhaite tout d'abord remercier Nathalie Obadia et son équipe, et plus particulièrement Constance Dumas et Marion Adrian. Toute ma gratitude va également à Joost Declercq, directeur du Musée Dhondt-Dhaenens (Deurle, Belgique).

Je remercie Julie Crenn, docteure en histoire de l'art, et Marc Donnadieu, conservateur en chef du Musée de l'Élysée à Lausanne (Suisse), pour avoir mis leur érudition et leur sensibilité respectives dans la rédaction des textes de la présente monographie.

Je tiens aussi à remercier André Gordts et Ilse Selhorst, mes galeristes Yasmine Geukens & Marie-Paule De Vil, ainsi que les collectionneurs qui ont contribué à la réalisation du catalogue en acceptant que leurs œuvres soient reproduites, sans oublier, bien sûr, mon mari, Jan Vermeulen, mes parents et mes enfants.

I would above all like to express my gratitude to Nathalie Obadia and her team, in particular Constance Dumas and Marion Adrian. I would also like to thank Joost Declercq, director of the Dhondt-Dhaenens Museum (Deurle, Belgium).

My thanks go to Julie Crenn, Doctor of Art History, and Marc Donnadieu, Chief Curator in the Musée de l'Élysée in Lausanne (Switzerland), for their respective scholarship and insight in writing the texts for this monograph.

My gratitude also goes to André Gordts and Ilse Selhorst, my gallery owners Yasmine Geukens & Marie-Paule De Vil, as well as the collectors who contributed to this project by accepting the reproduction of their works in this catalogue; and last, but not least, I thank my husband, Jan Vermeulen, my parents, and my children for their support.

En couverture | **In frontcover**
Crédit photo : We Document Art

E.B., 2015 (p. 56)
Huile et acrylique sur panneau de bois aggloméré
Oil and acrylic on chipboard panel
200 × 110 cm / *78 ¾ × 43 ¼ in*
Collection privée

Tour et Taxis, Entrepôt royal
86C, avenue du Port, BP 104A • B - 1000 Bruxelles

D. 2018, 6852. 1
Dépôt légal : mars 2018
ISBN 978-2-39025-011-1
Printed in Serbia

Pour toutes les illustrations de ce livre
For all the catalogue illustrations
© Sophie Kuijken

Direction éditoriale | **Editorial direction**
Michelle Poskin

Coordination éditoriale | **Editorial follow-up**
Anne Brutsaert, Constance Dumas, Marion Adrian

Textes | **Texts**
Marc Donnadieu, Julie Crenn

Traduction anglaise | **English translation**
Sandy Logan

Relecture | **Copy-editing**
Catherine Meeùs, Jonathan Michaelson

Photographies | **Photographs**
We Document Art

Conception graphique | **Graphic design**
Lucas Descroix, Sylvain Julé

Galerie Nathalie Obadia
www.nathalieobadia.com

3 rue du Cloître Saint-Merri
75004 Paris - France
-
18 rue du Bourg-Tibourg
75004 Paris - France
-
8 rue Charles Decoster
1050 Bruxelles - Belgique

Éditions Racine
www.racine.be

Inscrivez-vous à notre newsletter et recevez régulièrement des informations sur nos parutions et activités.

Register for our newsletter to receive information regularly on our publications and activities.